KB260534

한국 중세의 천거제도

● 지은이

정 구 선

저자는 동국대학교 사학과에서 한국사 연구로 박사학위를 취득하였다.
저서로는 『조선시대 천거제도연구』, 『한국관리 등용제도사연구』, 『공녀』, 『중세시대의 환
관과 공녀』, 『조선시대 처사 열전』, 『한국사의 새로운 인식』 등이 있다.
저자는 동국대학교 연구교수, 한성디지털대학교 겸임교수 등을 역임하였으며, 현재 동국
대학교 등에서 후학을 지도하고 있다.

한국 중세의 천거제도

초판인쇄일 : 2007년 4월 12일
초판발행일 : 2007년 4월 16일

지 은 이 : 정구선
발 행 인 : 김선경
발 행 처 : 도서출판 서경문화사
인   쇄 : 한성인쇄
제   책 : 반도제책사
등 록 번 호 : 제 1 - 1664호
주   소 : 서울 종로구 동숭동 199 - 15(105호)
전   화 : 743 - 8203, 8205
팩   스 : 743 - 8210
메   일 : sk8203@chollian.net

ISBN 89-6062-010-6   93900

＊파본은 본사나 구입처에서 교환하여 드립니다.

정가   9,000원

한국 중세의 천거제도

정 구 선 지음

서경문화사

▌들어가며

저자는 대학원 석사과정에서 한국사를 공부하기 시작하면서부터 일관되게 한국의 천거제도에 연구를 집중시켜 왔다. 애초에는 조선시대의 천거제도만을 중점적으로 공부하여, 그 결과물로서 『조선시대 천거제도연구』(1995년)를 내놓은 바 있다. 그 후 한국 천거제도의 기원을 찾기 위하여 삼국시대의 천거제도를 검토하게 되었고, 더 나아가 고려시대의 천거제도에까지 관심의 폭을 넓히기에 이르러 『한국관리등용제도사연구』(1999년)를 출간하였다. 이렇게 하여 고대에서 중세를 거쳐 근세에 이르는 한국의 천거제도를 부족하나마 모두 검토하게 되었다.

이 책은 저자가 그동안 진행한 연구 성과를 총 정리하는 의미에서 앞의 두 책에 실린 논문을 하나로 묶어 내놓는 것이다. 그리고 일반 독자나 학생들을 위하여 어려운 한자 용어를 모두 한글로 바꾸고, 필요한 경우 한자를 괄호 안에 넣어 한글과 병기하였다.

천거제도는 삼국시대부터 조선시대 말기까지 관리등용제도로서 중요한 역할을 담당하였다. 천거제도의 종류에는 재야의 인재를 등용하기 위한 유일천거제(遺逸薦擧制), 현직관리의 승진 · 전보로서의 현관천거제(現官薦擧制), 수령후보자를 발탁키 위한 수령천거제(守令薦擧制), 그리고 유교윤리의 장려 · 보급 방안의 하나였던 효행자천거제(孝行者薦擧制) 등이 있었다. 이들 각각의 천거제도는 무직자(無職者), 즉 미입사자(未入仕者)의 초입사로(初入仕路)와 현직관리의 승진 · 전보로서 활용되었다.

이 책의 제1부에서는 고려시대 천거제도를, 제2부에서는 조선초기의 천거제도를 살펴보았다. 각 부는 다시 현관천거제, 수령천거제, 거주연좌제, 유일천거제, 효행자천거제의 순으로 실었다.

끝으로 어려운 여건에도 불구하고 이 책의 출판을 흔쾌히 수락해주신 서경문화사의 김선경 사장과 그 직원들께 깊은 감사를 드린다.

2007년 3월 _ 정 구 선

차 례

제 1 부

고려시대의 천거제

현관천거제

1. 머리말

중국 한(漢) 나라 때에 관리등용제도의 하나로 성립된 천거제(薦擧制)는 우리나라의 삼국시대 초기에 도입되어 시행되었으며, 고려와 조선시대로 이어져 계속 운용되었다. 한국의 천거제는 피천자(被薦者)를 기준으로 하여 크게 네 종류로 나눌 수 있다. 즉 재야에 묻혀 있는 인재를 발탁하기 위한 유일천거제(遺逸薦擧制), 유교윤리를 장려하기 위하여 효자 등을 천거하는 효행자천거제(孝行者薦擧制), 수령(守令) 후보자를 선발하기 위한 수령천거제(守令薦擧制), 그리고 현직관리의 승진이나 요직으로의 전보 시에 거쳐야 할 절차의 하나였던 현관천거제(現官薦擧制)가 그것이다.

네 가지의 천거제 가운데 여기에서 다루려고 하는 것은 현관천거제이다. 고려시대 중앙·지방의 현직관료들이 승진하거나 요직으로 영전하기 위해서는 천거를 받아야 하는 것이 거의 필수적인 과정이었다. 그밖에 어떤 특정한 직책, 예를 들어 외국에 파견되는 사신 등의 선발에도 그 중요성을 감안하여 천거라는 절차를 거치도록 하였다. 과거시험이나 천거 등에 의하여 초입사(初入仕)한 관리들은 관계(官界)에서의 영달(榮達)을 위하여 또다시 유력자들의 천거를 거듭 받아야만 했던 것이다. 천거는 입신을 위하여 반드시 거쳐야 하는 관문의 하나였다.

고려에서는 재주와 덕행을 지닌 인재를 적합한 자리에 배치하기 위하여 일반적인 천거제인 타천제(他薦制) 외에 스스로를 천거토록 하는 자천제(自薦制)와, 전임자가 자기의 후임자를 천거하는 이른바 자대천거제(自代薦擧制)를 아울러 운용하였다. 이와 함께 공정하고 객관적인 천거를 보장하기 위한 방안으로 잘못 천거하였을 경우 천거를 한 거주(擧主)를 처벌토록 하는 거주연좌제(擧主緣坐制)를 실시하기도 하였다.

종래 고려시대의 천거제를 다룬 논문이 몇 편 발표되었지만, 아직도 고려 전시기에 걸친 체계적인 연구는 이루어지지 못하였다고 생각된다. 김한규는 「고려시대의 천거제에 대하여」(『역사학보』73, 1977)를 발표하여 고려시대 천거제 연구의 단서를 열었으나, 기초적인 수준에 머무른 감이 있다. 시귀선은 「고려조 유일지천의 준행을 통한 천거제도의 일 단면」(전북대 석사학위논문, 1988)을 통하여 유일천거제를 다루었으나, 다양한 사료의 발굴과 인용에도 불구하고 체계적인 연구에는 미치지 못하였다.

그밖에도 이혜옥은 수령제도를 검토하면서 수령천거에 관하여 간략히 언급한 바 있다(「고려시대의 수령제도연구」, 『이대사원』21, 1985). 또한 유호석의 「무인집권기 과거제의 운영과 천거제」(『전북사학』4, 1991)와 김상범의 「최우의 집권과 한사」(『고려무인정권연구』, 서강대출판부, 1995)는 무인집권기에 한하여 천거제의 운용과 정권유지와의 관계를 살폈다.

이 장에서는 고려시대 천거제 연구의 일환으로 천거제의 성립과정과 현관천거제의 시행상황 및 기능 등을 검토하고자 한다.

2. 천거제의 성립

천거제의 연원(淵源)은 중국 주(周) 나라의 향거이선제(鄕擧里選制)에서 찾을 수 있으며, 이것은 한나라 때에 이르러 찰거제(察擧制)로 법제화되었다. 찰거제는 재이(災異)가 발생했을 때 황제의 조칙(詔勅)에 따라 임시

적·부정기적으로 이루어진 제거(制擧)와 매년 정기적으로 실시한 상거(常擧)로 구분되었다.[1]

이러한 중국의 천거제는 우리나라의 삼국시대 초기에 도입되어 시행된 것으로 파악된다. 천거제가 언제, 어떻게 전래되었는지 확실치는 않지만 삼국시대 천거제의 내용이나 시행상황 등을 볼 때 한나라의 천거제에서 영향을 받았음을 엿볼 수 있다. 삼국시대에 천거제가 실시된 사실은 『삼국사기』의 기사를 통하여 확인되고 있다. 『삼국사기』에 기재되어 있는 천거관련 기사는 모두 11건인데, 신라의 기사가 7건, 고구려의 것이 4건이다. 삼국시대의 천거제는 초입사로(初入仕路)와 현직관리의 승진로·전보로(轉補路)의 기능을 수행하면서 인재선발·국난극복·민심수습 등에 기여하였다.[2]

삼국시대의 천거제는 고려시대로 이어졌고, 이것은 다시 조선시대로까지 전해졌다. 고려왕조에서는 삼국시대의 천거제를 도입하고, 여기에 중국 한(漢)·당(唐)의 제도를 참작하여 이를 제도화하였다.

천거제의 정신은 고려왕조 개국직후부터 강조되었다. 태조(太祖) 때에 다음과 같이 관리 등용의 중요성을 강조하면서 현인(賢人)의 발탁을 촉구하는 교령을 반포하였던 것이다.

관(官)을 설치하고 직(職)을 나누는 데에는 유능한 자를 임용하기 위한 도리가 이에 있고, 풍속을 이롭게 하고 백성을 편안케 하는 데는 어진 이를 선발하는 일이 급하다. … 오직 사람을 잘 알아보지 못하고 관직을 잘 살피지 못하여 어진 이를 빠뜨리는 한탄을 일으키고 선비를 얻는 일을 그르칠까 염려된다. … 마땅히 여러 제후를 등용하고 군공(群公)을 두루 시험하여 정선(精選)에 힘써서 모두 화합하게 할 것이니, 중앙으로부터 지방까지 모두 짐의 뜻을 알라.[3]

1. 복정중아, 『漢代官吏登用制度の研究』, 창문사, 동경, 1988, p.3.
2. 저자, 「신라의 천거제에 대한 검토」, 『신라문화제학술발표회논문집』 19, 1998, pp.191~216.
3. 『증보문헌비고』 권 198, 선거고 15, 선용.

이처럼 어진 인물의 등용을 촉구한 것은 개국직후부터 천거제의 정신을 강조하였음을 보여주고 있다. 이와 함께 실제의 천거사례도 나타나고 있어서 태조 때에 이미 천거가 이루어졌음을 알려준다. 즉, 태조 때 최응(崔凝)이 광평시랑(廣評侍郞)에 임명되자 이를 사양하면서 동료 윤봉(尹逢)을 천거하여 그를 광평시랑에 임명토록 한 적이 있다.[4]

건국 직후 천거제의 정신을 강조하였고, 이에 따라 실제 천거도 이루어졌지만, 천거제의 제도적 성립은 성종(成宗) 때에 이르러서야 실현되었다. 성종 때에 이루어진 유교의 정치이념화와 중앙 및 지방 관제의 정비 등과 함께 천거제도도 정비된 것으로 생각된다.

고려의 천거제는 성종 6년(987) 8월에 내려진 다음과 같은 교령에 의하여 천거가 항식화(恒式化)하게 됨으로써 성립되었다.

> 만일 열심히 공부하여 경서(經書)에 밝고 효제(孝悌)에 뛰어난 자나 의술이 쓸 만한 자가 있으면, 목재(牧宰)·지주현관(知州縣官)으로 하여금 한나라의 고사(故事)에 의거하여 자세히 기록해서 서울로 천거토록 하고 이것을 항식화하도록 하라.[5]

천거의 제도화는 무엇보다 유교의 정치이념화와 그에 따른 유교윤리의 보급·장려와 깊은 관련이 있었다. 이는 명경(明經)·효제(孝悌)에 뛰어난 자를 천거토록 한 사실에서 잘 드러나고 있다. 또한 한나라의 고사에 의거하여 천거토록 한 것은 한나라 천거제의 영향을 짐작할 수 있게 한다.

성종은 이와 같이 천거제를 마련한 이후 그것의 시행을 당부하는 교령을 다음과 같이 지속적으로 하달하였다.

---

4. 『증보문헌비고』 권 198, 선거고 15, 선용 1 ; 『고려사』 권 92, 열전 5, 최응.
5. 『고려사』 권 74, 선거지 2, 학교 ; 『고려사』 세가 3, 성종 6년 8월 ; 『증보문헌비고』 선용 1.

① 문재(文才)와 무략(武略)이 있는 자는 대궐에 나와서 자천(自薦)할 것을 허락
　한다.[6]
② 경관(京官) 5품 이상은 각각 1명씩을 천거하되 천거된 자의 덕행과 재능을 이름
　밑에 자세히 기록하여 제출하라.[7]
③ 유사(有司)는 기이한 재주와 특이한 능력을 지니고 구원(丘園)에 숨어 있는 자
　를 찾아서 아뢰도록 하라.[8]

　성종은 타천(他薦)만으로는 현인의 등용이 충분히 이루어지지 못할 것
을 우려하여 ①과 같이 재능있는 자들로 하여금 스스로 자천하도록 허용하
였다. ②는 5품 이상의 중앙관료들에게 천거권을 부여한 것으로서, 앞서 성
종 6년 8월에 마련된 천거제에서 외관(外官)인 수령들에게만 천거권을 주
었던 규정을 보완하는 성격을 지니고 있다. ③은 유사(有司)로 하여금 유일
지사(遺逸之士)를 찾아서 천거할 것을 명하는 내용의 교령이다. 이처럼 성
종 때에는 천거교령을 통하여 천거제의 미진함과 문제점을 보완해 나가는
동시에 천거의 활성화를 강조하였던 것이다.
　성종에 이어서 즉위한 목종(穆宗)은 삼경(三京)·십도(十道)로 하여금
관내의 재주와 학문이 뛰어난 자를 해마다 천거하여 항규(恒規)를 허물어
뜨리지 말도록 하라는 교령을 내렸다.[9] 이에 따라 천거는 매년 정기적으로
실시하는 항규로 정착되었다. 목종 9년(1006)에는 백성을 다스릴만한 자를
천거토록 하면서 천거한 바가 적당한가 아닌가를 보아서 상벌(賞罰)을 내
리도록 하교함으로써[10] 객관적이고 공정한 천거를 지향코자 한 거주연좌제
또는 죄급거주지법(罪及擧主之法)을 새로이 도입하였다. 그리하여 성종 때

6. 『고려사』 권 75, 선거지 3, 범천거지제.
7. 위와 같은 조.
8. 위와 같은 조.
9. 『증보문헌비고』 권 198, 선거고 15, 선용 1.
10. 위와 같은 조.

에 시작된 천거의 제도화 작업은 목종 때 이르러 일단 마무리되어 중앙과 지방의 고관들이 매년 정기적으로 인재를 천거하되, 잘못 천거할 경우 거주를 처벌하도록 규정되기에 이르렀다.

목종 이후의 역대 국왕들도 천거교령을 계속 하달하여 천거를 독려하면서 천거제의 문제점 등을 시정 내지 보완하는 작업을 추진해 나갔다.『고려사』선거지(選擧志) 범천거지제조(凡薦擧之制條)에 의하면 목종 이후에도 12회의 천거교령이 내려진 것으로 나타나고 있다. 이 교령들은 대체로 중앙·지방의 고관들로 하여금 유일·효행자·수령 및 현직관리 등을 천거하도록 명하는 내용으로 되어 있다.

3. 현관천거제의 시행상황

1) 경직(京職)의 천거

고려왕조에서는 제도적 규정과 국왕들의 교령에 따라 천거제를 시행하였는데, 여기에서는 현직관리로서 천거를 받은 후 주로 경관(京官)으로 임용된 자들의 사례를 통하여 천거제의 시행상황을 살펴보도록 하겠다.

『고려사』열전에는 천거된 것으로 확인되고 있는 피천자 25명이 나오고 있다.[11] 이에 의하면 현관(現官)의 천거가 본격적으로 이루어지기 시작한 시기는 예종(睿宗) 때부터인 것으로 파악된다. 태조 때 첫 천거사례가 나타났고, 성종 때에 천거제가 성립되기는 했으나 오랫동안 제대로 시행되지 못하다가 예종 때에 이르러 본격화된 것이다. 그러나 전기에는 천거가 그리 활발히 이루어지지는 못하였고, 무신란 이후인 후기에 접어들어서야 활성화되었다. 피천자 25명 중 19명이 후기에 집중되어 있는 것이다. 특히 최씨

---

11. 저자,『한국관리등용제도사연구』, p.55, 표 2-1 '경관 피천자 일람' 참조.

집권기에 피천자가 다수 배출되어 최충헌(崔忠獻)·최우(崔瑀) 등의 집권자들이 천거를 권력 안정과 강화의 방편으로 활용하였음을 보여주고 있다.[12] 말기인 우왕(禑王) 때부터는 이성계(李成桂) 일파가 정권을 장악한 후 자파세력인 신흥사대부의 진출을 위해 천거제를 적극적으로 운용한 결과 다수의 피천자가 나오게 되었다. 이와 같이 집권자들의 정치적 의도에 따라 천거제의 시행이 좌우된 것이다.

피천자를 천거한 거주들은 모두 3품 이상의 고관으로, 중앙은 문하부·추밀원·6부 등의 평장사·상서·동지추밀원사 등이었고, 지방의 경우는 안찰사나 순찰사 등이었다. 따라서 천거의 권한을 중앙과 지방의 3품 이상 고관들이 장악하고 있었음을 알 수 있다. 한편 피천자들은 대부분 과거(科擧)에 급제한 문관이었다. 또한 그들은 천거되기 이전에 중앙·지방의 9품에서 2품까지의 다양한 관직을 지니고 있었다. 이들은 천거를 받고 대개 1~2품계 승진, 임용되었다. 반대로 낮은 관직에 임명된 예도 있는데, 이것은 주로 지방관에서 중앙의 요직으로 전임된 경우이다. 다시 말해 지방관의 경우에는 중앙관으로, 중앙관의 경우는 한직에서 요직으로 발탁되었다. 이를 통해 천거제가 과거출신 현직 문관의 승진로 또는 요직으로의 전보로로 기능했음을 확인하게 된다. 또한 천거사례를 통하여 사신같은 특수하고 중요한 임무를 수행하는 직책은 천거에 의하여 선발하였던 것을 알 수 있다.[13]

피천자들은 천거를 받은 후 비교적 순탄하게 승진하여 거의 모두가 3품

---

12. 이 점에 대해서는 유호석과 김상범의 논고에서 이미 밝혀진 바 있다. 유호석은 천거제가 무인정권의 안정과 유지에 기여하였다고 했으며(유호석, 앞의 논문, p 40), 김상범은 천거제가 최우의 정치적 기반을 확고히 하는데 큰 역할을 수행하였다고 하였다(김상범, 앞의 논문, p.227).
13. 사신 천거의 사례는 이승휴(李承休)·주열(朱悅) 등의 경우에서 찾을 수 있다(『고려사』권 106, 열전 19, 이승휴·주열).

이상의 판사·평장사·상서 등 핵심 요직까지 진출하였다. 이것은 천거제
가 관리의 승진이나 진출에 매우 큰 역할을 담당했음을 보여주고 있다. 또
한 고려시대의 관리들이 상위직으로 승진하거나 요직으로 진출하기 위해
서는 천거를 받아야만 했음을 시사한다. 천거를 받았다는 것은 유력한 후
원자인 거주와의 연결고리가 형성되었음을 의미하고, 그 후원자의 계속적
인 지원이 관료생활에 유리한 배경으로 작용하였을 것이다. 이는 과거의
좌주(座主)·문생(門生)의 관계와 흡사한 것이라 할 수 있다. 이렇듯 고려
의 관료사회는 2중, 3중으로 맺어진 끈끈한 인간관계가 지배하는 조직으로
서, 실력보다는 정치·사회적 배경이 더 중시되는 폐쇄적인 성격을 띠고 있
었던 것이다.

2) 외직(外職)의 천거

고려에서는 각 도의 안찰사나 수령 등의 중요한 외직은 모두 천거를 통
하여 임용토록 규정하고 있었다. 수령 천거에 대해서는 뒤에서 별도로 검
토할 것이므로, 여기에서는 안렴사(按廉使)·찰방사(察訪使)·역승(驛丞)
의 천거에 대해서 검토하도록 하겠다.

먼저, 안렴사는 고려시대의 지방장관인데, 국초에는 절도사(節度使)가
그 임무를 맡았다. 그 뒤 현종(顯宗) 3년(1012)에 절도사를 폐지하고 안찰
사(按察使)를 두었으며, 충렬왕(忠烈王) 2년(1276)에 안찰사를 안렴사로 고
쳤다. 창왕(昌王) 즉위년(1389)에는 안렴사의 관등이 낮았으므로 도관찰출
척사(都觀察黜陟使)로 고치고 양부(兩府)의 대신이 겸임토록 하였다. 그 후
공양왕(恭讓王) 원년(1389)에는 경관(京官)의 겸임을 혁파하고 전임(專任)
토록 하였다. 공양왕 2년(1390)에는 각 도에 관찰사를 두었다가 같은 왕 4
년(1392)에 다시 안렴사로 환원하였다. 안렴사의 임기는 원래 6개월이어서
봄·가을에 교대하도록 되어 있었으나, 우왕(禑王) 4년(1379) 이후 1년으로
개정되었다.[14]

안렴사의 임무는 지방을 전제(專制)하고 수령의 출척(黜陟)을 행하는 일이었다. 즉, 안렴사는 각 도의 군무(軍務)와 민사(民事)를 아울러 맡아보면서 민생의 고통, 수령의 잘잘못과 형옥(刑獄)·쟁송(爭訟) 등을 통찰(統察)하는 직책이었다.[15] 이와 같이 중대한 임무를 지닌 직책이었으므로, 고려에서는 안렴사의 선발에 신중을 기하여 수령과 마찬가지로 천거를 받은 자를 임용토록 하였다. 안렴사의 천거는 원(元) 간섭기부터 활발히 이루어졌는데, 이 당시에는 일정한 규정없이 현관천거제에 의하여 시행되었다.

『고려사』에 안렴사의 천거사례가 처음 나타나는 것은 충렬왕 때이다. 당시에 권의(權宜)가 승지 염승익(廉承益)의 천거로 경상도 안렴사에 임명된 예가 있다.[16] 그 후 공민왕(恭愍王) 23년 9월에는 재추(宰樞)가 각 도의 안렴사를 천거하였는데, 두리속고적(頭裏速古赤)과 정랑 민이(閔頤)가 함께 천거를 받았다.[17] 이를 통해서 고려 후기에는 재상이나 승지 등의 중앙 고관들이 각 도의 안렴사 후보자를 천거토록 하였고, 천거된 자들 가운데서 안렴사를 임용하였던 것을 알 수 있다.

안렴사 천거 규정은 말기인 창왕(昌王) 때에 이르러 변경되었다. 즉, 창왕 즉위년(1389) 7월에 조준(趙浚)의 건의에 따라, 안렴사는 대간(臺諫)으로 하여금 천거토록 하고, 천거된 자는 국왕의 재가가 내린 후 파견하도록 결정되었다.[18] 여기에서 거주인 대간은 어사대와 문하성의 낭사(郞舍)를 뜻한다. 국왕에 대한 간언(諫言)과 관리에 대한 감찰 등을 맡은 대간에게 천거의 권한을 부여한 것은 좀 더 공정한 천거를 위한 조처였다. 또한 피천자의 관등이 수령들보다 낮은 문제점을 시정하기 위하여 양부(문하부와 밀

---

14. 『고려사』권 77, 백관지 2, 외직 안렴사 ; 『고려사』권 75, 선거지 3, 범선용감사.
15. 『고려사』권 75, 선거지 3, 범선용감사.
16. 『고려사』권 123, 열전 36, 권의.
17. 『고려사』세가 44, 공민왕 23년 9월 신사.
18. 『고려사』권 75, 선거지 3, 범선용감사.

직사)의 고관 가운데 청렴·위엄·총명·수완 등 네 가지를 갖춘 자들을 안렴사로 천거하도록 개정하였다.[19] 새로운 규정에 따라 창왕 즉위년 8월에 각 도의 안렴사를 도관찰출척사로 고치고, 도관찰출척사를 모두 대간에서 천거한 자들로 임명토록 하였다.[20]

이같이 도관찰출척사는 문하부나 밀직사의 2품 내지 3품의 전·현직 고관들이 천거를 받고 임용되었다. 도관찰출척사와 함께 그 휘하의 부사(副使)와 판관(判官)도 천거를 하도록 명한 것으로 보아 도관찰출척사·부사·판관 등 각 도의 중요한 직책은 모두 천거를 받은 자에 한하여 임명토록 한 것을 알 수 있다.

안렴사와 더불어 지방에 파견하는 관리였던 찰방사(또는 찰방)에 대해서도 천거를 실시하였다. 고려에서는 전기부터 안렴사(안찰사)를 파견하는 외에 간혹 찰방사를 지방에 파견하여 수령의 출척 등을 담당토록 하였다. 인종(仁宗) 20년 (1142) 이후에는 찰방사를 파견하지 않고 안찰사만 보내도록 하였으나, 여러 가지 폐단이 야기되자 명종(明宗) 8년(1178)에 재상 송유인(宋有仁) 등의 건의에 따라 10도에 다시 찰방사를 파견하게 되었다.[21] 찰방사의 천거 사례로는 충렬왕 때 중랑장 배정지(裵廷芝)가 양부의 천거에 의하여 충청·전라 양도의 찰방에 임명되어 선정을 베푼 것을 들 수 있다.[22] 이처럼 찰방사도 안렴사처럼 주로 양부의 고관들에 의하여 천거되었다.

외직의 하나인 역승도 고려말기에 천거를 통하여 임용하였다. 역승은 국초에 제도순관(諸道巡官)으로 칭하다가 현종(顯宗) 19년(1028)에 제도관

---

19. 위와 같은 조.
20. 위와 같은 조.
   이 때에 임명된 각 도의 도관찰출척사의 명단은 다음과 같다.
   양광도 : 성석린(成石璘), 경상도 : 장하(張夏), 전라도 : 최유경(崔有慶), 교주강릉도 : 김사형(金士衡), 서해도 : 조운흘(趙云仡) (『고려사』권 137, 열전 50, 신우 5).
21. 『고려사』권 75, 선거지 3, 범선용감사.
22. 『고려사』권 108, 열전 21, 배정지.

역사(諸道館驛使)로 변경하였다. 그 후 공민왕 원년 (1352) 비로소 역승을 설치하여 모두 참관(參官)을 임용하였다. 그 뒤 공민왕 4년(1355)에는 역승을 폐지하고 별감(別監)에게 분정(分定)시켰다가 다시 역승을 두게 되었다.[23] 역승은 역마(驛馬)의 전체(傳遞), 도로의 감시 및 안내 등의 임무를 맡았다. 역승의 천거, 임용은 창왕 때 올린 조준의 상소에서 비롯된 것으로 보인다. 조준은 상소에서 별감의 폐단을 지적하면서 매 역에 5~6품의 역승을 한 명씩 두되 그 천거는 수령의 예에 따라 대간과 6조에서 재간(才幹)있는 자를 천거토록 할 것을 건의하였던 것이다.[24]

앞에서 살펴본 바와 같이 안렴사 · 찰방사 · 역승 등의 외관은 그 임무의 중요성을 감안하여 천거를 거친 후 임용토록 하였던 것이다. 이 밖에도 사심관(事審官)과 향직(鄕職)인 호장(戶長)도 천거를 통하여 임명하도록 규정되어 있었다. 사심관의 경우, 현종 10년(1019)에 기인(其人)과 백성들의 천거에 따라 파견을 결정하도록 하였다.[25] 또한 호장은 외관과 같은 절차를 밟아 천거토록 하는 규정이 현종 9년(1018)에 마련되었다.[26]

3) 특수천거제

(1) 자천제(自薦制)

앞에서 살펴본 경직 · 외직 천거제는 타천제라고 할 수 있는데, 고려시대에는 본인이 스스로 자기 자신을 천거하는 자천제도 마련되어 있었다. 자천제의 제정은 성종 11년(992) 정월에 내려진 다음과 같은 교서에서 비롯되었다.

---

23. 『고려사』권 77, 백관 2, 외직 관역사.
24. 『고려사』권 118, 열전 31, 조준.
25. 『고려사』권 75, 선거지 3, 사심관.
26. 『고려사』권 75, 선거지 3, 향직.

학문을 쌓지 않으면 착함을 알지 못하고 어진 이를 등용하지 않으면 공(功)을 이룰
수 없다. 그러므로 안으로는 상서(庠序)를 세우고 밖으로는 학교를 설치하여 재능
을 비교할 장소를 열고 선비를 뽑을 길을 넓히고 있으나, 아직 재주를 품고 무리에
서 뛰어난 선비를 얻지 못하였으니, 어진 이를 숨기고 능한 이를 방해하는 사람이
없다고 하겠는가? 문재(文才)와 무략(武略)이 있는 자는 궁궐에 나와서 자천할 것
을 허락한다.[27]

이처럼 성종은 문재와 무략이 있는 자들이 스스로 궁궐에 나와서 자신
을 천거하도록 당부했던 것이다. 구체적인 천거의 방법 등은 언급되어 있
지 않지만, 이 교서의 내용을 보면 덕행이나 재능을 지니고 있으면서도 등
용되지 못하고 있는 유일(遺逸)에게 등용의 문을 열어주기 위해서 자천을
허용한 것으로 보인다. 그러나 그들이 실제로 자천하기에는 현실적으로 많
은 제약이 있었다. 이 때문에 자천이 지방의 유일보다는 오히려 개경에 거
주하는 현직관리들의 등용 통로로 활용되기도 하였다. 『고려사』에서 자천
의 사례를 찾아보아도 현직관리인 남은(南誾)의 경우만 나타나고 있을 뿐
이다. 남은은 우왕 때 사직단직(社稷壇直)으로 있다가 자천으로 왜구의 침
입이 빈번한 삼척군의 지군사(知郡事)에 임명된 바 있다.[28]
　이와 같이 개국 초기부터 유일의 등용을 위하여 자천제가 마련되어 있
었지만, 그리 활발하게 시행되지는 못하였으며, 시행되는 경우에도 본래의
설치 의도와는 달리 현직 관리의 등용로로 운용되는 경우도 있었다.

27. 『고려사』권 75, 선거지 3, 범천거지제.
　　자천의 원초적 형태는 이미 개국직후부터 나타났다. 즉, 왕유(王儒)는 궁예의 정치가
　　혼란해지자 산골에 은거하고 있었는데, 고려가 건국했다는 소식을 듣고 궁궐로 찾아오
　　자 태조가 그를 예로써 대접하면서 "그대가 온 것은 부암(傅巖)과 위수(渭水)의 선비를
　　얻은 것과 같다"고 말하면서 관직을 내려 주었던 것이다.(『고려사』권 92, 열전 5, 왕유)
28. 『고려사』권 116, 열전 29, 남은.

⑵ 자대천거제(自代薦擧制)

고려에서는 자천제 외에 자신의 직책을 대신할 후임자를 스스로 천거
토록 하는 이른바 자대천거제를 시행하였다. 자대천거제의 연원은 중국 당
나라의 자대천거제에서 찾을 수 있으며, 이 제도는 송나라에서도 거관자대
(擧官自代)라는 명칭으로 운용되었다.[29]

고려에서 언제부터 자대천거제가 실시되었는지 확실히 알 수는 없지
만, 천거사례를 볼 때 본격적으로 실시되기 시작한 것은 무신난 이후부터인
것 같다. 『고려사』와 『증보문헌비고』에는 5건에 8명의 자대천거 사례가 나
오고 있는데, 그 가운데 몇 가지를 알아보도록 하겠다. 먼저 이규보(李奎
報)의 예를 들면, 최이(崔怡)가 이규보에게 묻기를, "누가 당신의 후임으로
문한(文翰)을 담당할 만한가?'라고 하자, 이규보가 대답하기를, "학유로 있
는 최자(崔滋)란 사람이 있고, 과거에 급제한 김구(金坵)가 그 다음입니다."
라고 하면서 두 사람을 천거하였다고 한다.[30]

원송수(元松壽)의 경우, 기무(機務)를 맡은 지 8년이 되었는데, 항상 잘
못이 생기지 않을까 조심하여 눈물을 흘리면서 직무를 교체시켜 달라고 요
청하였다. 그러자 공민왕이 "경과 같은 자를 천거한다면 교체해 주도록 하
겠다.??라고 말하였으므로, 이에 이강(李岡)을 천거하여 자기 대신으로 지
주사에 임명토록 한 적이 있다.[31] 또한 이제현(李濟賢)은 노년에 서연관의
사면을 청하면서, 찬성 안축(安軸)과 밀직부사 이곡(李穀)을 천거하여 자신
을 대신하도록 하였다.[32]

천거사례를 통해서도 알 수 있듯이 자대 천거제는 유능한 고관으로 하
여금 그와 비견될 수 있는 적임자를 천거하여 후임으로 삼도록 하기 위해

29. 정병준, 「당대의 자대천거」, 『동국사학』 32, 1998 참조.
30. 『고려사』 권 102, 열전 15, 최자.
31. 『고려사』 권 107, 열전 20, 원부.
32. 『증보문헌비고』 권 198, 선거고 15, 천용 1.

실시되었다. 또한 자대천거는 문한직(文翰職)이나 서연관(書筵官), 그리고
그 밖의 고관 임용시에 주로 이루어진 것으로 보인다. 이 제도는 조선시대
에 낭천법(郎薦法)으로 계승되었다.

4. 현관천거제의 기능

고려의 관계(官界)는 개인의 능력보다 그의 정치적 · 사회적 배경이 더
중시되었다. 따라서 뒤에서 밀어주는 유력한 후원자가 반드시 있어야 하고,
그 후원자에 의한 천거가 있어야만 요직으로의 진출이나 승진이 가능하였
다. 다음의 두 가지 사례는 이러한 상황을 잘 설명하고 있다.

> 곽예(郭預)는 재능과 덕행이 있었으나 아무도 뒤에서 이끌어 주는 자가 없었기 때
> 문에 승진이 늦었는데, 사관(史館)의 천거로 예빈시 주부(注薄)와 한림원 직원(直
> 院)을 겸임하게 되었다.[33]

> 김상제(金尙磾)와 이유인(李惟寅)은 청렴 · 강직함으로써 자신을 지키고, 명성과
> 공적이 있었으나 권세있는 자들에게 청탁하지 않았으므로 나이가 많아도 현달(顯
> 達)하지 못하였다. 한안인(韓安仁)이 상소하여 이들을 탁용함으로써 여러 신하들
> 을 격려할 것을 청하였다. 이에 왕이 김상제를 판각문사(判閣門事)에, 이유인을 대
> 부경(大府卿)에 제수하였다.[34]

이처럼 곽예는 재능과 덕행이 있었으나 끌어 주는 자가 없었으므로 승
진이 늦었고, 김상제와 이유인은 청렴 · 강직하여 청탁하지 않았으므로 출
세하지 못했다는 것이다.[35] 이것은 능력과 청렴 · 강직은 출세에 별로 도움
이 되지 못했음을 시사하고 있다. 그러므로 그들은 후원자에 의한 천거가

---

33. 『고려사』권 106, 열전 19, 곽예.
34. 『고려사』권 97, 열전 10, 한안인.

있은 후에야 비로소 승진할 수 있었다.

천거가 승진이나 출세에 절대적인 영향을 미쳤으므로 천거를 받는다는 것은 거주에게 커다란 은혜를 입는 것으로 간주되었다. 따라서 피천자들은 거주를 은인으로 여기고 그 은덕에 보답하고자 노력하였다. 이것은 마치 과거에 있어서 좌주와 문생의 관계와 같은 것이었다. 다음의 사례를 통하여 이러한 사실을 확인할 수 있다.

고려 말기에 오헌(吳獻)이 홍윤(洪倫) 등에 의한 공민왕 시해 음모를 김흥경(金興慶)에게 고하였으나 이 사실을 왕에게 알리지 않았다는 이유로 오헌이 그를 최영(崔瑩)에게 고발하였다. 그러자 김흥경이 오헌에게 말하기를, "내가 너를 선왕(先王)에게 천거하였는데, 도리어 나를 해치려 하느냐"라고 하였다. 이에 오헌이 "내가 홍윤 등의 역적모의를 그대에게 밀고한 것은 곧 그대의 은덕에 보답하려 한 것이었소"라고 대답했다고 한다.[36] 또한 고려 말기에 이성계와 함께 위화도 회군을 단행했던 조민수(曺敏修)가 이인임(李仁任)이 자기를 천거, 발탁해 준 은혜를 생각하여 창왕을 옹립하고자 했다는 기사도 있다.[37] 이처럼 오헌은 거주의 은혜에 보답하기 위하여 역적모의를 알려 주었고, 조민수는 창왕 옹립에 동조하였던 것이다. 거주와 피천자의 유대관계는 심지어 거주를 아버지로 여기는 경우까지로 발전하기도 하였다. 즉, 무신정권 말기에 김준(金俊)과 함께 최충헌의 증손자 최의(崔竩)를 죽이고 원종(元宗)을 세우는 데 큰 공을 세운 임연(林衍)은 김준이 그를 천거하여 벼슬을 시켜 주었으므로 김준을 아버지로 불렀다는 일화가 전해지고 있다.[38]

---

35. 충숙왕(忠肅王) 때 안향(安珦)의 아들인 안우기(安于器)가 대사헌에서 파면된 것도 명망이 있었음에도 불구하고 뒤에서 후원해주는 사람이 없었기 때문이었다고 한다.(『고려사』권 105, 열전 18, 안향).
36. 『고려사』권 124, 열전 37, 김흥경.
37. 『고려사』권 137, 열전 50, 신우 5.

고려시대의 관료사회에서 거주와 피천자는 일종의 공동운명체라고 할 수 있었다. 따라서 거주의 실권(失權)은 곧 피천자의 정치적 몰락을 의미하였다. 이러한 예로는 공민왕 때의 대신으로서 태후의 외척이었던 김속명(金續命)이 이인임 등의 탄핵에 의하여 유배를 가게 되자 김속명이 천거하였던 유실(柳實)도 함께 파직된 일이 있다.[39]

이상과 같이 천거는 관리의 승진·출세에 중요한 요소로 작용하였는데, 이와 관련하여 자기사람 만들기, 더 나아가 정권 내지 자파 세력 강화의 방편으로 천거가 이용되기도 하였다. 무인집권기에 최충헌 등이 천거를 정권의 안정 내지 강화에 활용한 일은 이미 잘 알려진 사실이다. 무인집정자들은 한미한 문사(文士)나 하급관리들을 천거를 통해 발탁하여 자기들의 문객(門客)으로 삼음으로써 정권의 방패막이로 이용하였던 것이다.[40]

또한 인종(仁宗) 때 묘청(妙淸) 등의 서경파가 결당(結黨) 내지 자파 세력 확장을 위하여 천거를 이용한 사실도 지적할 수 있다. 묘청 자신이 발탁되어 인종의 총애를 받게 된 것도 문공인(文公仁) 등 서경파의 천거에서 비롯된 것이며,[41] 그 후에도 서경파들은 자기들끼리 서로 천거함으로써 요직에 오를 수 있었다. 정지상(鄭知常) 등이 백수한(白壽翰)을 천거한 것이 그 하나의 예이다.[42]

이밖에 고려 말기의 권신(權臣)인 임견미(林堅味)·염흥방(廉興邦) 등이 그들의 집정 시에 등용된 사대부들의 대부분을 천거했다는 지적과,[43] 이성계가 조준이나 정도전 등을 천거하고, 조준이 윤소종 등을 천거한 것도

---

38. 『고려사』권 130, 열전 43, 임연.
39. 『고려사』권 111, 열전 2, 김속명.
40. 『고려사』권 102, 열전 15, 금의 ; 『고려사』권 105, 열전 18, 유천우.
41. 『고려사』세가 16, 인종 13년 윤2월 임술 ; 앞의 책, 권 125, 열전 38, 문공인.
42. 『고려사』권 96, 열전 9, 윤관.
43. 『고려사』권 113, 열전 26, 최영.

자파세력 내지 정권의 강화에 그 목적이 있었음은 물론이다.

앞에서 검토한 바와 같이 현관천거제는 현직관리의 승진이나 출세에 절대적인 영향을 끼쳤으며, 집정자들의 권력유지와 강화에 폭넓게 활용되었다.

5. 맺음말

고려왕조의 개국 직후인 태조 때에 이미 천거제의 정신을 강조하였고, 이에 따라 실제 천거가 이루어지기도 했지만 아직 천거가 제도화되지는 못하였다. 천거제의 성립은 성종 때에 이루어진 유교의 정치이념화와 각종 정치제도의 정비 등에 따라 이루어졌으며, 목종 때에 이르러 정착되었다. 이로써 중앙과 지방의 고관들이 매년 정기적으로 인재를 천거하되, 잘못 천거한 경우 거주를 처벌하도록 하는 규정이 법제화되었다. 이 때에 마련된 천거제는 그 후 역대 국왕들의 교령에 의하여 수정·보완되었으며, 실제 시행도 그 교령에 따라 부정기적으로 이루어지는 경우가 많았다.

현관천거제는 예종 때부터 본격적으로 시행되었으며, 무신난 이후 더욱 활성화되어 무인정권의 안정·강화에 활용되었다. 특히 말기에는 이성계일파가 신흥사대부의 진출을 위해 천거제를 적극적으로 운용하였다. 또한 현관천거제는 과거 출신 현직문관의 승진로나 요직에의 전보로로 기능함으로써 현직관리의 승진·진출에 커다란 역할을 담당하였다.

고려시대에는 경직만이 아니라 지방민을 직접 다스리는 지방관도 그 직책의 중요성 때문에 천거를 통하여 임용하였다. 이에 따라 각 도의 장관인 안찰사를 비롯하여 수령·찰방사·역승 등의 지방관은 천거를 거쳐 엄선토록하는 규정이 마련되어 있었다.

우리가 일반적으로 일컫는 천거제는 다른 사람을 천거하는 타천제라고 할 수 있는데, 고려에서는 이외에 자신이 자기 스스로를 천거하는 자천제를 실시하기도 하였다. 성종 때에 제정된 이 제도는 유능한 인재를 빠짐없이 등용하려는 의도에서 비롯된 것이지만 그리 활발히 시행되지는 못하였다. 이와 함께 능력있는 적임자를 발탁하려는 방안의 하나로 자신의 후임자를 전임자가 천거하도록 하는 자대천거제도 운용하였다. 자대천거제는 무신난 이후 본격적으로 시행되어, 주로 문한직이나 서연관 등의 임용에 널리 활용되었다.

이와 같은 고려의 천거제는 덕행과 재주를 갖춘 인재를 등용한다는 이상적인 취지에도 불구하고 거주의 주관이나 사정(私情)이 개입되어 부적합한 자를 천거하는 폐단이 끊임없이 야기되었다.

고려의 관직 사회는 개인의 능력보다 그가 갖고 있는 정치적·사회적 배경이 더 중시된 사회였다. 따라서 뒤에서 밀어주는 유력한 후원자에 의한 천거가 있어야만 승진이나 요직으로의 진출이 가능하였다. 천거가 출세에 절대적인 영향을 미쳤으므로 천거를 받는다는 것은 거주에게 커다란 은혜를 입는 것으로 여겨졌다. 따라서 과거에 있어서 좌주·문생의 관계처럼 피천자는 거주를 은인으로 섬기고 그 은덕에 보답하고자 노력하였다. 심지어는 거주를 아버지라고 부르는 경우도 있었다. 이렇게 끈끈한 유대관계를 맺고 있었으므로 거주와 피천자는 공동운명체라고 할 수 있었다. 그러므로 거주의 실권은 곧 피천자의 몰락으로 이어지기 마련이었다.

천거제의 이러한 속성으로 인하여 자파세력 또는 정권 강화의 방편으로 이용되는 경우가 많았다. 즉 최씨 무인정권의 집정자들이 한미한 문사나 하급관리들을 천거를 통해 발탁하여 문객으로 삼아 정권의 방패막이 역할을 담당토록 한 사실은 잘 알려진 일이다. 그밖에도 인종 때 묘청 등의 서경파들이 자파세력의 확장을 위해 천거를 활용하였으며, 고려 말기의 권신인 임견미 등도 다수의 사대부를 천거, 임용하여 정권을 강화시키려고 한 바 있다. 특히 이성계일파가 신흥사대부를 천거를 통해 등용하여 권력을 키우고, 이를 발판으로 조선왕조를 건국한 사실은 천거제와 정치와의 함수

관계를 잘 대변해 주고 있다.

이처럼 고려시대의 현관천거제는 유능한 인재를 발탁하여 임용하려는 본래의 취지와는 달리 정권의 유지·강화의 방편 등으로 악용됨으로써 부정적인 결과를 초래하고 말았다.

수령천거제

1. 머리말

수령(守令)은 지방의 군·현(郡縣) 등에 파견되어 각 고을을 다스리던 지방관을 말한다. 고려초기에는 지방에 수령이 파견되지 못하고, 단지 금유(今有)나 조장(租藏)이라는 외읍(外邑)의 사자(使者)가 파견되었을 뿐이다.[44]

고려에서 수령이 처음 파견된 것은 주지하는 바와 같이 성종 2년(983)에 최초로 12목이 설치되면서 부터였다. 그 후 목종 8년(1005)에 이르러 도호부사·현령·진장(鎭將)을 두었으며, 현종 9년(1018)에는 4도호부사·8목사·56지주군사·28진장·20현령을 두었다.[45] 예종 3년(1108)부터 작은 현에 감무(監務)를 두기 시작하였고, 공민왕 때에는 현령·감무를 안집별감(安集別監)으로 고쳤다가 창왕 때에 원래대로 환원하였다.[46]

수령은 지방민들을 직접 상대하여 시정을 펼치는 관원이었으므로, 그들의 현부(賢否)는 백성들의 안녕 여부 및 일상생활과 직결되어 있었다. 따

44. 『고려사』권 77, 백관지 2, 외직.
45. 『증보문헌비고』권 233, 직관고 20, 외관 4, 외관총론.
46. 『고려사』권 77, 백관지 2, 외직.

라서 수령의 임용은 최대한의 신중을 요하는 중대사였다. 그리하여 고려왕조에서는 적임자를 수령에 임용키 위하여 고관 등으로 하여금 수령후보자를 천거토록 하는 이른바 수령천거제를 제정, 운용하였다. 이미 삼국시대부터 이루어진 것으로 보이는 수령후보자에 대한 천거는 고려 초기에 법제화되어 조선시대까지로 이어졌다.

근래까지 고려시대의 천거제에 관해서는 몇 편의 연구업적이 나와 있지만, 수령천거제에 대한 검토는 그 중요성에도 불구하고 거의 이루어지지 못하였다. 다만 이혜옥은 「고려시대의 수령제도연구」(『이대사원』21, 1985)에서 수령천거제에 대하여 간략히 언급한 바 있다. 이에 본 장에서는 고려시대의 수령천거제를 그 운용상황을 중심으로 살펴보도록 하겠다.

2. 수령천거제의 시행배경

고려에서 수령천거제를 마련하여 시행한 배경은 무엇보다 수령 내지 수령임용의 중요성에서 찾을 수 있을 것이다. 수령이 중요한 것은 두말할 것 없이 그 맡은 바 임무가 막중하기 때문이었다. 수령의 임무에 대하여 최승로(崔承老)는 외관(外官)의 설치를 건의하는 성종 원년(982)의 상서(上書)에서 다음과 같이 언급하고 있다.

> 왕이 백성들을 다스릴 때 집집마다 가서 직접 눈으로 볼 수가 없기 때문에 수령들을 나누어 보내어, 수령들이 가서 백성들의 이해관계를 살펴보도록 하는 것입니다. 태조가 삼국을 통합한 뒤에 외관을 두고자 한 것도 대개 나라를 처음 세우던 때에 백성들을 돌볼 겨를이 없었기 때문이었습니다. … 각 외관에는 2, 3명의 관원을 두어서 백성들을 어루만지고 다스리는 일을 맡기도록 하십시오.[47]

---

47. 『고려사』권 75, 선거지 29, 전주, 범천거지제 ; 『증보문헌비고』권 233, 직관고 20, 외관 4, 외관총론.

이와 같이 최승로는 국왕이 직접 백성들을 돌볼 수 없기 때문에 그를 대신할 수령을 파견하여 백성들을 어루만지도록 하는 것이라 하여, 국왕의 대리인인 수령의 임무가 매우 막중함을 지적하고 있다.

그밖에도 수령의 임무 또는 수령임용의 중요성에 대하여 다음과 같은 여러 가지 견해가 제시되었다.

- 수령의 직책은 백성들을 구제하는 데에 있습니다. 만약 알맞은 사람을 임명하지 못하면 백성들이 반드시 피해를 받게 될 것입니다.

  (공민왕 8년 경상도 진제사(賑濟使) 전이도(全以道)의 계(啓))

- 수령은 임금의 걱정을 나누어 맡으므로 그 책임이 무겁기 때문에 옛날부터 반드시 명망이 있는 자를 골라서 임명하였던 것입니다.　(우왕 4년 헌사(憲司)의 상서)

- 수령은 백성들을 가까이 하는 직책이므로 중하게 여기지 않을 수 없습니다.

  (창왕 즉위년 대사헌 조준의 상소)[48]

- 수령이 어질고 어질지 못한 것은 백성들의 편안함과 근심걱정에 관계가 있다.

  (공민왕 12년 5월의 교서)[49]

- 수령이란 내 정권의 일부를 분담하고 교화를 선포하는 책임자이다.

  (충숙왕 12년 10월의 교서)[50]

이것을 정리하면, 수령이란 백성을 가까이 하는 관리로서 왕의 대리인, 정권의 분담자, 백성의 교화자 내지 구제자 등으로 인식되고 있었다고 할 수 있다. 이렇게 중대한 직책이므로 명망있고 어진 적임자를 수령에 임용하여야 하고, 만약 부적격자가 수령이 될 경우 그 피해가 백성에게 미친다는 것이다.

---

48. 『증보문헌비고』권 233, 직관고 20, 외관 4, 외관총론.
49. 『고려사』권 75, 선거지 3, 전주, 범선용수령.
50. 『고려사』세가 35, 충숙왕 12년 10월 을미.

수령의 중요성과 관련하여 현종 9년(1018)에는 수령의 임무 여섯 가지를 다음과 같이 규정한 바 있다. 첫째는 백성이 근심하고 괴로워하는 것을 살필 것, 둘째, 향리의 능력 있고 없음을 살필 것, 셋째, 도둑과 간사하고 교활한 자를 살필 것, 넷째, 백성이 법령을 위반하는 것을 살필 것, 다섯째, 백성이 효성스럽고 우애있음과 청렴하고 결백함을 살필 것, 여섯째는 향리가 부세와 재정을 흩뜨려 잃어버리는 것을 살필 것 등이다.[51] 고려말기인 우왕 원년 2월에는 이것을 다섯 가지로 조정하였는데, 전야(田野)의 개간, 호구의 증가, 부역의 공평, 소송의 간명(簡明), 도적을 없앨 것 등이 그것이었다.[52]

이처럼 백성이 잘살고 못사는 것은 정권의 안정여부와 직결되어 있으므로 수령의 임무 중 백성을 잘 보살피고 이끌어 주는 것을 가장 중요시했던 것이다. 그만큼 중요한 직책이었으므로 수령의 임용은 신중을 기하지 않을 수 없었고, 이로 인해 천거를 통하여 수령후보자를 발탁하고자 하였다.

수령천거제를 시행한 또 하나의 배경은 무인이나 서리(胥吏) 등 학식이 부족하고 신분이 낮은 부적격자들이 임용되는 등의 폐단을 방지하려는 데에 있었다. 고려전기에는 과거 급제자로서 명망이 높고 청렴 · 공정한 6품 이상의 문관만을 수령에 임용토록 제한하였다. 그러나 무신들이 정권을 잡은 명종 3년(1173)부터는 문 · 무관의 교차(交差)를 빙자하여 전국의 수령을 모두 무인으로 임용하게 되었으며,[53] 명종 8년(1178)에는 무관의 산직(散職)을 모아서 시험을 보여 수령에 임용하기도 하였다.[54]

그러나 충렬왕 즉위 초에 이르러 승선(承宣)으로 있던 박항(朴恒)의 다음과 같은 건의가 채택됨으로써 무관을 수령에 임명하지 않게 되었다. 당

---

51. 『고려사』권 75, 선거지 3, 전주, 범선용수령.
52. 『고려사』 앞과 같은 조.
53. 『증보문헌비고』권 233, 직관고 20, 외관 4, 외관총론.
54. 위와 같은 조.

시 박항은

수령은 동반(東班)의 사로(仕路)입니다. 그러므로 동반은 반드시 수령을 시킨 후
에야 조관(朝官)으로 임명할 수 있고, 서반(西班)은 순서에 따라 승진할 수 있는데
어찌 반드시 수령을 요구하겠습니까?[55]

라고 하면서 문관만을 수령에 임용할 것을 건의하여 왕의 허락을 받았
던 것이다. 이같은 조처에도 불구하고 무관들이 계속 수령임용을 요구하자,
충렬왕은 이에 굴복하여 마침내 무관을 문관과 함께 수령에 임용토록 하는
이른바 문무관교차수령제를 다시 채택하게 되었다.[56] 그 후 공민왕 3년
(1354)에는 연해지방 수령의 경우 방어사(防禦使)를 겸임하고 있다는 이유
로 무재(武才)를 지닌 자를 임용토록 하였다.[57]

고려시대에는 무관 외에 신분이 낮은 서리들이 수령에 임명되어 많은
폐단을 야기하였다. 뒤의 현감인 감무(監務)를 처음 파견하였던 예종 말년
부터 참외관(參外官) 출신의 이전(吏典)들이 감무에 임명되자, 수령의 직질
이 낮아지고, 집안이 한미(寒微)하여져서 사람들이 모두 이를 천하게 여겼
다고 할 정도로 신분이 낮은 서리들이 수령에 임용되었다.[58]

이러한 현상은 말기까지도 지속되어 공민왕 8년 (1359), 경상도 진제사
전이도가 다음과 같이 서리들에 대한 수령임용의 부당성을 지적한 바 있다.

감무와 현령에는 오로지 문사만을 임명하여야 합니다. 옛 제도에 감무·현령은 모
두 과거에 급제한 사류(士類)를 등용하도록 되어 있었는데, 근래에는 오로지 각 기
관의 서리를 등용하므로 탐오(貪汚)하고 백성을 침해하고 있습니다. 또 그 관계(官

55. 『고려사』권 75, 선거지 3, 전주, 범선용수령.
56. 위와 같은 조 ;『고려사』권 123, 열전 36, 이분희.
57. 『고려사』권75, 선거지 3, 전주, 범선용수령.
58. 『증보문헌비고』권 233, 직관고 20, 외관 4, 외관총론.

階)가 모두 7, 8품으로 품질(品秩)이 낮고 인물이 미천하기 때문에 지방의 세력있
는 자들이 업신여기고 불법한 짓을 마음대로 하여 향읍(鄕邑)이 피폐하여 졌습니
다.[59]

공민왕은 이 건의를 받아들여 5, 6품으로 수령을 삼고 옛 폐단을 없애
려 하였으나, 그 후에도 여전히 군공(軍功)으로 첨설(添設)된 관리와 공상
(工商)의 천인(賤人)들이 수령에 임명되었다.[60]

창왕 때에도 대사헌 조준이 다음과 같이 서리 등 신분이 낮은 무리들이
수령에 임용되는 실태를 지적하였다.

근일에 임명된 수령들 가운데 사림에서 알지 못하는 자들이 자못 많습니다. … 감
무와 현령은 백성과 가까운 직책인데 근래 여기에 진출하는 길이 여러 가지이므로
사람들이 이를 맡는 것을 부끄럽게 여깁니다. … 그리하여 부사(府史)나 서리가 이
직책에 임명되어 무식한 자들이 백성들에게 해독을 끼칩니다. 원컨대 대간과 육조
에서 천거한 재능있는 자를 파견하되, 품계를 참상관으로 올려 주(州)·목(牧)과
같은 등급으로 함으로써 그 임무를 소중하게 하고 안집(安集)은 일체 폐지하기 바
랍니다.[61]

조준은 여기에서 무식한 서리 등이 감무와 현령에 임용되는 폐해를 바
로잡고, 감무와 현령을 6품 이상의 참상관에 한하여 임명할 것을 건의하고
있다.[62]

---

59. 『고려사』권 75, 선거지 3, 전주, 범선용수령.
60. 위와 같은 조.
    첨설직(添設職)은 공민왕 3년 6월에 설치되기 시작하였다. 동왕 20년 12월에는 군공이
    있는 자들에게 문관 3품 이하, 무관 5품 이하의 정원을 늘려 표창케 하였다. 원래 첨설
    직은 군공을 표창키 위한 것이었는데, 고려 말에는 공로가 없는 자들이나 연줄을 이용
    한 자들이 첨설직을 얻게 되어 많은 폐단이 발생하였다.(『고려사』권 75, 선거지 3, 첨설
    직)
61. 『고려사』권 75, 선거지 3, 전주, 범선용수령.

앞에서 살펴본 것처럼 고려왕조에서는 수령의 선임을 중시하여 과거에 급제한 문관 가운데 명망있고 청백한 자들을 수령에 임용코자 하였으나, 무관이나 서리 등 신분이 낮고 학식이 없는 자들이 다수 임용되었다. 그리하여 이러한 폐단을 시정하고 적임자를 수령에 임용키 위하여 지속적으로 수령천거제를 시행하였던 것이다.

수령천거제를 시행한 세 번째 이유는 천거제가 적임자를 발탁하는 데 효과적인 방식이라고 인식되고 있었기 때문이었다. 이같은 인식은 고려시대의 지식인들 대부분이 공유하고 있었던 것 같은데, 공민왕 원년(1352) 3월에 전리판서(典理判書) 백문보(白文寶)가 올린 상서에 이 점이 잘 나타나고 있다.

정치에서 긴요한 것은 유능한 사람을 얻는데 있으며, 사람을 알기 어려운 것은 성현들도 어렵게 여겼습니다. 그렇기 때문에 공자는 '네가 아는 사람을 천거하라' 하였으며, 서경에는 '완전무결한 자를 구하려고 하지 말라' 하였습니다. 만일 결함만 지적하고 좋은 점은 엄폐한다면 쓸만한 사람이 없을 것이요, 각기 재능에 따라 임무를 맡긴다면 버릴 인재가 없을 것입니다. 그러므로 현직에 있는 고관들로 하여금 각각 자기가 잘 아는 사람을 천거토록 하는 것보다 더 좋은 방법은 없으니, 이렇게 한다면 지극히 타당하고 공정하여 민간의 어진 선비가 다 등용될 것입니다.[63]

이처럼 천거제야말로 가장 타당하고 공정한 인재선발 통로로 인식되고 있었던 것이다.

위에서 살펴본 바와 같이 고려에서는 수령의 직책을 매우 중시하여 그 임용에 신중을 기하려 하였고, 이에 따라 가장 효율적인 적임자 선발방식으

---

62. 『고려사』권 117, 열전 30, 정몽주전에 의하면, 종래 참상관 이외의 하급관리들 중에서 수령을 임명하던 것을 정몽주가 비로소 참상관으로 임명토록 하였다고 한다.
63. 『고려사』권 75, 선거지 3, 전주, 선법.

로 인식되었던 천거제를 통하여 수령을 임용하려 했던 것이다.

3. 수령천거제의 시행상황

1) 천거교령의 반포

수령천거제의 연원은 삼국시대에서 찾을 수 있다. 신라 소지왕(炤智王) 19년(497)에 왕이 여러 관리들에게 명하여 능히 백성을 다스릴 만한 인재를 각각 한 사람씩 천거토록 하였다[64]는 기록을 통하여 수령천거의 흔적을 엿보게 된다.

고려의 수령천거제가 언제 법제화되었는지 확실히 알 수는 없지만, 목종 9년(1006)에 수령천거를 명하는 교령이 내려진 것으로 보아 그 이전인 성종 6년에 유일천거제와 함께 제도적으로 확립되었을 것으로 여겨진다.

수령의 천거는 주로 국왕의 조서나 교령에 의하여 이루어졌다. 『고려사』 선거지 '범선용수령' 조에 의하면 수령후보자의 천거를 명하는 조서 또는 교령이 10건 실려 있다. 이것을 열거하면 다음과 같다.

〈목종 9년 4월〉
문반 참상관 이상은 백성을 다스릴 수 있는 인재를 각각 1명씩 천거하라.

〈공민왕 3년 12월〉
연해의 수령은 방어사를 겸하기 때문에 적임자를 구하기 어렵다 봉익 이하 대언 이상의 관원들은 각각 청백하고 무재를 지닌 자 2명씩을 천거하라.

〈공민왕 4년 7월〉
양부로 하여금 각기 수령이 될만한 자를 천거토록 하였다.

---

64. 『삼국사기』 권 1, 신라본기 1, 소지마립간 19년 7월.

〈공민왕 11년 5월〉

성낭(省郎)으로 하여금 6품 이상으로서 지방관이 될만한 자를 천거토록 하였다.

〈공민왕 12년 5월〉

수령의 현부(賢否)는 백성의 휴척(休戚)과 관계된다. 이제부터는 첨의·감찰 및 육조의 5품 이상 관리들은 각각 아는 사람을 천거하라.

〈공민왕 22년 9월〉

도당(都堂)으로 하여금 재주가 수령이 될만한 자 몇 명씩을 천거하라 명하였다.

〈우왕 원년 12월〉

재상 및 6조와 대성(臺省)으로 하여금 문무의 재주를 겸비하여 수령이 될만한 자를 천거토록 하였다.

〈우왕 8년 2월〉

대성 및 각 司로 하여금 지방관이 될만한 자를 천거케 하였다.

〈창왕 즉위년 6월〉

도평의사사·대성·6조로 하여금 각기 아는 자를 천거토록 하되, 공정·청렴하고 재능있는 자를 힘써 구하여 지방관을 맡기도록 하라고 명하였다.

〈창왕 즉위년 8월〉

대간·6조에 명하여 수령이 될만한 자를 천거토록 하였다.

　　위의 기사에 의하면, 수령천거를 명하는 교령의 반포는 목종 때 1회, 공민왕 때 5회, 우왕 때 2회, 창왕 때 2회로 나타나고 있다. 따라서 수령천거는 고려전기 보다는 고려말기, 특히 공민왕 이후에 활발히 이루어졌음을 알 수 있다. 이것은 왕조말의 내우외환이 거듭되는 상황속에서 수령 내지 수령선임의 중요성이 한층 부각되었기 때문일 것이다.

　　교령에 나타난 거주의 범위를 보면, 전기에는 문반 참상관 이상으로 그 범위가 넓었으나 말기로 내려오면서 좁아져, 도평의사사·대성·육조 등이 주로 천거권을 장악하고 천거를 담당했음을 알게 된다. 피천자의 자격은 대개 수령을 감당할 만한 자라고 포괄적으로 규정하는 것이 일반적이었다. 그러나 당시의 상황에 따라 문·무를 겸비한 자나 무재를 갖춘 자를 요구하기도 했고, 청백·공정·청렴 등의 자격을 구체적으로 명시하는 경우도 있었다. 피천자의 수는 제시하지 않는 것이 보통이었지만 각기 1명~수 명씩을 천거하도록 제한을 가하기도 하였다.

이상에서 살펴 본 바와 같이 고려의 수령천거는 주로 국왕의 교령이나 조서의 하달에 의하여 부정기적·간헐적으로 이루어졌고, 거주의 범위나 피천자의 자격·인원 등에 관한 규정은 고정되어 있었던 것이 아니라 당시의 상황에 따라 가변적인 성격을 지니고 있었다.

2) 천거제의 운용실태

고려에서는 적임자를 수령에 임용하기 위하여 수령천거제를 실시하면서 교령을 내려 국왕이 직접 천거를 독려하기도 하였으나, 수령임용이나 천거제의 운용에는 많은 문제점이 야기되었다. 의종(毅宗) 22년(1168)의 조서(詔書)에 의하면,

근래에 천거하는 길이 끊어져서 어진 사람과 어질지 못한 사람이 뒤섞여 있다.[65]

라 하여 천거제가 잘 실시되지 못하고 있는 상황이 나타나고 있다. 수령임용 또는 수령천거제의 문란상은 공민왕 이후부터 집중적으로 부각되었다. 공민왕 8년(1359)의 경우, 수령임용에 있어서 국왕의 재가도 거치지 않은 채 재상들이 천거한 자들을 임용하므로 군공(軍功)으로 첨설된 관리와 공상(工商)의 천인(賤人)들이 모두 수령을 차지하였다는 사관의 비판이 제기되었다.[66] 이처럼 당시에는 수령의 임용에 재상의 천거가 절대적 영향

---

65. 『고려사』권 75, 선거지 3, 전주, 범천거지제.
66. 『고려사』권 75, 선거지 3, 전주, 범선용수령.

을 끼친 관계로 부적합한 자들이 등용되는 등의 폐단이 야기되었던 것이다. 공민왕 11년(1362)에 올린 대간의 상서에서도, 천거가 모두 면식과 인정에 따라 이루어지기 때문에 심지어 글자를 알지 못하는 자가 수령에 천거되기도 한다고 비판하였다.[67]

우왕 4년(1378) 12월에도 사헌부에서 수령임용의 문제점을 지적하면서 다음과 같은 건의를 한 적이 있다.

> 근래에 군국(軍國)의 일이 많아서 수령의 임용에 현부를 가리지 못하므로 백성을 침탈하여 폐단을 끼치는 자가 많습니다. 청컨대 대간으로 하여금 충분히 의논한 후 파견토록 하십시오.[68]

사헌부의 이러한 지적과 같이 어질고 어질지 못함을 구분하지 않고 수령에 임용하므로 그들로 인하여 백성들이 고통을 당하고 있었던 것이다.

같은 왕 9년(1383) 3월에 올린 사헌부의 상서(上書)에서도 역시 수령임용의 폐단이 지적되고 있다.

> 수령은 백성과 가까운 직책이므로 조심스럽게 임명해야 합니다. 그런데 근년에 간사하고 아첨하여 탐오하고 포악한 무리들이 권세있는 자에게 붙어서 수령이 되고자 합니다. 수령이 된 후에는 불법을 자행하며 공사(公事)를 빙자하여 사리(私利)를 도모하므로 백성을 도탄에 빠뜨리고 고을이 날로 쇠퇴하여지고 있습니다.[69]

이처럼 부적합한 자들이 권세가들에게 아첨하여 수령이 되고, 수령이 된 후 갖가지 부정행위를 저질러 백성을 도탄에 빠뜨리고 있었던 것이다.

또한 사관도 당시 수령임용의 문란상을 신랄하게 비판하였다. 즉,

---

67. 위와 같은 조.
68. 위와 같은 조.
69. 위와 같은 조.

우왕 때부터 권세있는 간신이 정권을 잡고 다투어 가며 사인(私人)을 쓰며, 희로 (喜怒)에 따라 출척(黜陟)을 하였다. 그리하여 1년에 3~4차례 씩 지방관을 바꾸기 도 하였다. 모든 주·현의 수령들은 무식한 자들이 많아서 남의 토지나 노비를 빼 앗아서 권세있는 자에게 바치고 심지어는 권신의 말·소·매·개를 길러 주면서 아첨하여 이를 승진의 미끼로 삼았다. 그들의 탐오와 잔학의 화가 서리보다도 더 심하였다.[70]

이같은 비난 속에 『고려사』 편찬자의 자의적인 판단이 다분히 내포되 어 있다고 할지라도, 왕조말기의 수령의 폐해, 더 나아가 정치·사회상의 문제점이 적지 않았음을 시사해 주고 있다. 여기에서는 무엇보다 권세가들 의 불법적인 수령임용과 그들을 등에 업은 부적격 수령들의 침탈상이 잘 드 러나고 있다.

어쨌든 수령천거제는 특히 고려말기에 이르러 천거권을 독점한 권신들 의 횡포와 그들과 결탁한 수령들의 탐학으로 인하여 제 기능을 발휘하지 못 한 채 본래의 취지를 멀리 벗어나 있었던 것이다.

4. 맺음말

수령은 지방민들을 직접 상대하여 시정을 펼치는 지방관이었으므로 그 들의 현부는 백성들의 안녕 여부는 물론, 정권안보와 직결되어 있었다. 따 라서 수령의 임용은 최대한의 신중을 요하는 중대사였다. 그리하여 고려왕 조에서는 적임자를 수령에 임용키 위하여 고관 등으로 하여금 수령후보자 를 천거토록 하는 수령천거제를 제정, 시행하였다.

고려에서 수령천거제를 시행한 배경은 수령 내지 수령임용의 중요성에

---

70. 위와 같은 조.

있었다. 수령이 중요한 것은 무엇보다 그 맡은 바 임무가 막중하기 때문이었다. 당시 수령은 왕의 대리인, 정권의 분담자, 백성의 구제자 등으로 인식되고 있었다. 따라서 명망있고 어진 인재를 수령에 임용하기 위하여 가장 효과적인 적임자 선발방식으로 인식되고 있었던 수령천거제를 운용했던 것이다.

고려의 수령천거제는 성종 6년에 유일천거제의 성립과 함께 법제화된 것으로 보인다. 수령의 천거는 주로 국왕의 교령이나 조서에 의하여 부정기적으로 이루어졌다. 『고려사』에 실린 수령천거의 교령을 보면, 수령천거제가 전기보다는 내우외환이 거듭된 말기에 활발히 시행된 것을 알 수 있다.

천거교령에 있어서 거주의 범위는 전기에는 문반 참상관 이상으로 넓었으나, 말기로 내려오면서 좁아져 도평의사사·대성·6조 등이 주로 천거를 담당하였다. 피천자의 자격은 대개 수령을 감당할 만한 자라고 포괄적으로 규정되었으나, 때에 따라 청백·공정·무재 등의 자격을 명시하는 경우도 있었다. 피천자의 수는 제시하지 않는 경우가 일반적이었지만, 1명~수명씩을 천거하도록 하기도 하였다. 이렇게 볼 때 천거의 시행에 있어서 거주의 범위나 피천자의 자격·인원 등에 관한 규정은 시대상황에 따라 가변적으로 운용되었다고 하겠다.

고려에서는 수령직을 잘 수행할 수 있는 적임자를 임용하기 위하여 수령천거제를 제정, 시행하면서 교령을 내려 국왕이 직접 천거를 독려하기도 하였으나 천거제의 운용에 많은 문제점이 야기되어 그 본래의 취지를 제대로 살리지는 못하였다. 특히 고려말기에 이르러 권세가들이나 재상들이 천거권을 독점하여 신분이 낮거나 무식한 자 등 부적격자들을 천거함으로써 수령임용에 허다한 폐단이 발생하게 되었다.

능력과 덕행을 겸비한 인재의 등용을 지향한 천거제를 고려왕조에서 최초로 법제화하여 시행한 것은 하나의 역사적 성과라고 할 수 있다. 천거제의 정신 속에는 정권안보적 목적과 함께 백성을 아끼는 애민정신도 아울러 내재되어 있었기 때문이다. 그러나 고려시대의 천거제가 그 취지를 제대로 살리지 못함으로써 그것의 제도적 완비와 좀 더 체계적인 운용, 그리고 그 정신의 구현은 다음 왕조인 조선왕조의 건국을 기다려야만 했다.

거주연좌제

1. 머리말

천거제는 덕행 등이 뛰어난 인재를 발탁한다는 좋은 취지에도 불구하고, 거주의 사정(私情)이나 청탁 등에 의하여 부적격자를 천거하는 등의 폐단이 발생할 가능성이 크다는 문제점을 안고 있었다. 따라서 천거제의 성패(成敗) 여부는 이러한 한계점을 배제하고 최대한 공정하고 객관적으로 천거하는 데에 달려 있었다. 이같은 목적을 달성키 위해 고안된 것이 바로 거주연좌제(擧主緣坐制)이다. 거주연좌제란 천거를 잘못했을 경우 해당 거주에게 연대 책임을 묻는 제도였다.

거주연좌제는 중국의 당·송에 그 기원을 두고 있는데, 우리나라에서는 고려시대에 본격적으로 실시되기 시작하여, 조선시대까지 이어졌다.

여기에서는 고려시대 거주연좌제의 기원 및 그 성립과 변천 상황 등을 살펴보고자 한다.

2. 거주연좌제의 기원

거주연좌제의 흔적은 중국 당나라에서 찾을 수 있지만, 그것이 본격적으로 실시되기 시작한 것은 송나라 때부터라고 할 수 있다. 송대의 강력한 거주연좌제는 보임제(保任制), 즉 보거제(保擧制)의 중요한 특징이었다. 송대의 보임제는 관료의 임기가 찼을 때에 승진을 하게 되는 순자(循資)의 경우에 보증을 받아 승진토록 하는 순자보임과, 황제의 특조(特詔)에 의하여 지방장관이나 중앙의 근신(近臣)이 관료나 독서인(讀書人)을 특천(特薦)하는 특천보임으로 나뉘어졌다. 이 두 가지 보임은 다같이 거주가 피천자에 대한 신원을 보증하지만, 특히 특천보임의 경우 거주가 황제에 대하여 자신이 천거한 인물에 대한 상세한 거장(擧狀)을 올리게 되어 있으므로, 피천자에 대한 인적 사항을 자세히 파악함은 물론이고, 피천자가 임용된 후에도 모든 책임을 지게 되어 있었다. 즉, 천거할 때 제출한 거장의 내용과 임용된 후 피천자의 실적이 맞지 않을 경우에는 거주가 연대책임을 저야 하기 때문에 단순한 천거로 그치는 것이 아니라 피천자에 대한 보증적 성격을 강하게 내포하고 있었다.[71]

송대의 거주연좌제는 건국 직후인 태조 때부터 시행되기 시작하였다. 즉, 태조 건륭(建隆) 3년(962)에 내린 조칙에 의하면, 막직관(幕職官)과 영록관(令錄官)을 천거토록 하면서 반드시 거주의 성명을 열기(列記)하여 천거된 인물이 직무를 공정하게 수행치 못할 경우 경중(輕重)을 헤아려 거주를 처벌하도록 명했던 것이다.[72] 또한 같은 때에 내린 조서에서도 거주에 대한 연좌처벌 의지를 더욱 명확히 표명하였다.[73]

그 후 진종(眞宗) 때에는 피천자의 명부를 작성토록 하여 거주연좌를 강화하는 조치를 취하였다. 즉, 피천자가 관직을 역임하면서 남긴 공과(功過)와 거주의 성명, 거주의 피천자 수 등을 자세하게 기록하여 1부는 중서성에 비치하고, 1부는 황제에게 올리도록 하였다.[74] 이처럼 피천자 명부에

<hr>

71. 신채식, 『송대관료제연구』, 삼영사, 1981, pp.224~225.
72. 『송회요집고』117책, 선거 27, 거관.
73. 『송사』권 1, 태조본기, 건륭 3년 2월 경인.
74. 『송사』권 160, 선거지 6, 보임.

는 피천자의 경력과 거주의 거장 내용, 피천자의 공과 등을 정리하여 둠으로써 거주연좌의 자료로 활용하려 했던 것이다. 신종(神宗) 때에는 재상이었던 사마광(司馬光)이 십과거사지법(十科擧士之法)을 건의하면서 피천자가 실적이 없을 경우 잘못 천거한 죄로 거주를 처벌할 것을 촉구하였다.[75]

송의 거주연좌제는 말기까지 지속되었는데, 이같은 송의 거주연좌제는 고려에 많은 영향을 끼쳤다.

3. 거주연좌제의 성립

고려시대에는 공정한 천거를 위한 노력이 지속적으로 이루어졌지만 정실 등에 따른 천거가 보다 빈번하게 이루어짐으로써 허다한 폐단을 야기하였다. 그 같은 상황은 이미 고려전기부터 나타나기 시작하여, 예부 상서를 지낸 김심언(金審言)은 성종 9년(990)에 올린 봉사(封事)에서

> 염치를 아는 자를 천거하는 사람도 없고, 잘못하는 자를 규탄하는 사람도 없으니, 청탁(淸濁)이 혼동되고 시비(是非)가 분별되지 못하고 있습니다.[76]

라고 주장한 바 있다.

천거의 문란상이 더욱 두드러지게 나타나기 시작한 것은 무신난 이후부터였다. 무신들이 집권하면서 국정 전반에 혼란과 부패가 가중되는 가운데, 천거제도도 예외는 아니어서 무신집권 초기에 이미 다음과 같은 문제점이 발생하였다.

75. 위와 같은 조.
76. 『고려사』 권 93, 열전 6, 김심언.

이 때에 정사(政事)는 권세가에 의하여 좌우되었는데, 다투어 뇌물을 주고받기에 염치가 없었다. 중방(重房)의 상장(上將)으로부터 숙위하는 신하에 이르기까지 세력있는 자들은 각기 1명씩을 천거하여 관직을 지적하고 임용해주기를 요청하였다. 만일 뜻대로 되지 않으면 집정(執政)의 집에 가서 주먹을 치며 따지고 다투면 집정이 겁이 나서 허락하였다. 전주(銓注)가 이와 같이 문란하였다.[77]

사관의 이러한 지적처럼, 당시 집권에 공이 있는 무인들이 논공행상(論功行賞)격으로 각기 1명씩을 천거하여 특정 관직에 임용해 줄 것을 강청하는 폐단이 나타났던 것이다. 인사상의 문란은 고려말기에도 계속 이어져 홍건적과 왜구의 격퇴에 공을 세운 무사들이 모두 군공으로 관직을 포상받고, 청탁과 뇌물이 성행하여 공장(工匠)이나 천예(賤隷)까지도 관직을 얻는 실정이었다.[78]

고려에서는 천거제의 이러한 폐단을 시정하기 위하여 다양한 노력을 기울였는데, 그 방안의 하나로 채택된 것이 바로 거주연좌제였다. 당시에는 천거를 명하는 국왕의 교령을 내리면서 이와 동시에 천거가 잘못되었을 경우 거주를 처벌하도록 지시하곤 하였다. 거주처벌 지시가 처음 내려진 것은 목종 9년(1006)이었는데, 이 때 국왕은 문반 참상관 이상으로 하여금 수령 1명씩을 천거토록 하면서 천거의 당부(當否)에 따라 거주에게 상벌(賞罰)을 가하도록 명하였다.[79]

목종 이후에도 다음과 같이 거주의 처벌을 명하는 국왕의 지시가 계속 내려졌다.

시종관(侍從官)들은 각기 1명씩을 천거하되, 천거된 자가 내세울 만한 업적이 없

77. 『고려사』 권 75, 선거지 3, 전주 범선법.
78. 『고려사』 권 114, 열전 27, 오인택.
79. 『고려사』 권 75, 선거지 3, 범선용수령.

으면 거주에게 죄를 가하라.[80]

첨의·감찰·6조의 5품 이상 관리들은 각기 아는 자를 천거하여 탁용(擢用)에 대
비하되, 천거된 자가 적임자가 아니면 거주에게 죄가 미치도록 하라.[81]

　　이처럼 천거된 피천자가 관리로 임명된 후 업적이 별로 없거나, 적임자
가 아닐 경우 거주에게 잘못 천거한 책임을 물어 처벌하도록 명하고 있다.
그러나 그 처벌 규정이 명확치 않고, 실제 처벌 사례가 거의 나타나지 않는
것으로 보아 거주연좌제가 단지 상징적인 수준에 머물러 제대로 실효를 거
두지 못한 것 같다. 이 때문에 거주연좌제의 엄격한 적용을 촉구하는 대간
의 건의가 고려 말기에 거듭 제기되었다.[82]
　　한편 고려시대에는 수령천저제를 제정, 시행함으로써 적임자를 수령에
임용하려 하였으나 역시 소기의 성과를 거두지 못하였다. 그리하여 공정한
천거를 거듭 당부하는 한편, 수령에 대한 고과제(考課制) 및 포상제(褒賞
制)의 실시와 더불어 거주연좌제의 운용을 통하여 천거의 공정성과 함께
수령에 대한 엄격한 출척(黜陟)을 기하고자 하였다.
　　『고려사』 선거지 고과지전(考課之典)에 의하면, 고려에서 관리의 근무
성적을 평가하는 고과제를 처음 실시한 것은 현종 9년(1018) 부터인 듯 하
다. 이 때에 모든 관리들에 대하여 정월 초하루부터 12월 말일까지의 출근
일수 및 휴가일수를 빠짐없이 기록하여 고공사(考功司)에 보고토록 하였
다.[83]
　　그런데 당시에는 서리들의 근무성적만 평가하였기 때문에 문종 원년
(1047)에 이르러 중앙과 지방에 근무하는 현직관리의 성적도 모두 평가하

80. 『고려사』권 75, 선거지 3, 범천거지제.
81. 『고려사』권 75, 선거지 3, 범선용수령.
82. 위와 같은 조.
83. 『고려사』권 75, 선거지 3, 전주, 고과지전.

라는 명이 내려졌다.[84] 이후부터 고과제에 의하여 관리들의 근면과 태만을 심사하여 출척을 하게 되었는데, 고과는 대개 일년에 두 차례, 즉 매년 겨울과 여름의 첫 달에 실시하도록 하였다.[85]

고과제와 밀접한 관련이 있는 것이 포상제였다. 근무성적에 따라 관리의 출척이 결정되지만, 때로는 근무성적이 우수한 관리를 선발하여 포상을 하기도 하였다. 인종 11년(1133) 5월에 내려진 조서에 의하면,

청백한 마음으로 공사(公事)를 받들며 절의(節義)가 뛰어난 자가 있으면 각각 포상하도록 하라.[86]

라고 하여 청렴·공정한 관리를 천거하여 포상토록 지시했던 것이다. 명종 20년(1190) 9월에도 조서를 내려 명하기를,

양계 병마사와 5도 안찰사는 나의 마음을 체득하여 착한 사람을 보거든 놀란 듯이 맞아들이고 악한 자를 원수처럼 미워할 것이며, 절조를 지키고 직무에 몸을 바치는 자가 있으면 이를 포상하여 다른 사람을 고무하게 하라.[87]

라 하면서 직무에 충실한 수령을 선발하여 포상토록 명한 바 있다.

무엇보다, 수령임용 내지 천거의 공정성을 확보하기 위하여 시행한 제도는 거주연좌제라고 할 수 있다. 수령천거에 있어서의 거주연좌는 목종 때부터 적용되었지만, 공민왕 11년(1362) 10월에는 대간에서 다음과 같은 건의를 하기도 하였다.

---

84. 위와 같은 조.
85. 위와 같은 조.
86. 『고려사』세가 16, 인종 11년 5월 을축.
87. 『고려사』세가 20, 명종 20년 9월 병진.

전리(田里)의 휴척은 수령에게 달려 있는데, 비록 대간·정조(政曹)로 하여금 보거하라는 명령이 있었으나 다 면식이나 정에 따라 천거하였기 때문에 심지어는 문자도 모르는 자들이 있습니다. 원컨대 이제부터는 대궐에서 인견(引見)하시고 그 명성과 실제를 살펴서 적임이 아닌 자를 천거하였을 경우 거주를 반드시 처벌해야 할 것입니다.[88]

이 건의에는 특히 보거토록 했다는 말이 나오고 있는데, 보거란 보증천거의 준말로서 거주가 부적합한 인물을 잘못 천거했을 때 거주를 연좌처벌한다는 의미가 내포되어 있다. 따라서 보거와 거주연좌제는 상호 밀접한 관련을 갖고 있다고 하겠다. 즉, 보증 천거를 하였기 때문에 연좌처벌이 가능한 것이며, 이런 의미에서 연좌제를 전제로 한 천거는 모두 보거의 성격을 띠고 있었다고 하겠다. 또한 보거와 거주연좌제를 도입한 것은 좀 더 엄격하고 공정한 천거를 실현하려는 의지의 표현이라고 할 수 있다.

이에 따라 고려 말기인 공민왕 12년(1363) 5월에도 거주의 처벌을 촉구하는 교령이 내려졌으며,[89] 우왕 9년(1383) 3월에는 사헌부에서 다음과 같은 상서를 올린 예가 있다.

원컨대 이제부터는 대성과 6조로 하여금 청렴·정직하고 욕심이 적으며 순량(純良)하고 근검한 자를 천거케 하여 각 고을에 나누어 보내도록 하십시오. 도순문사와 안렴사로 하여금 그 현부(賢否)를 보아 출척함으로써 상벌을 밝히도록 하십시오. 만일 잘못 천거한 자가 있으면 죄가 거주에게 미치도록 하고, 출척이 분명치 않을 경우 헌사(憲司)에서 조사·처리하도록 해야 합니다.[90]

이처럼 사헌부에서는 적임자를 수령에 임용토록 하기 위한 방편으로

---

88. 『고려사』 권 75, 선거지 3, 전주, 범선용수령.
89. 위와 같은 조.
90. 위와 같은 조.

공정한 천거를 제안하면서 아울러 수령의 출척과 거주연좌제를 병행할 것을 주장하였던 것이다. 또한 우왕 때의 우사의대부 이숭인(李崇仁)도 상소를 올려 양부·대간과 육조로 하여금 수령을 천거토록 하되 적합하지 못한 자를 천거할 경우 거주를 처벌토록 건의한 바 있다.

고려말기에 집중된 천거교령의 반포와 거주연좌제에 대한 이같은 거듭된 강조는 오히려 천거제가 제대로 운용되지 못하고 있었다는 반증이라고 하겠다. 거주연좌제는 고려를 이어 등장한 조선왕조에 이르러 더욱 강화된 모습으로 나타나게 된다.

4. 맺음말

고려시대에는 천거제를 통하여 유능한 인재를 발탁하려고 하였으나, 때로는 천거가 올바르게 이루어지지 못하여 많은 폐단을 가져오기도 하였다. 고려 조정에서는 이러한 천거제의 문제점을 해소하기 위하여 송에서 시행된 거주연좌제를 도입하여 시행하였으며, 이것은 뒤에 조선으로 이어졌다. 이 제도는 천거가 좀더 공정하게 이루어지도록 하려는 의도에서 도입, 실시되었지만, 대부분의 천거가 고관들에 의해 이루어진 관계로 그것의 엄격한 적용은 처음부터 기대하기 어려운 일이었다. 이 때문에 천거의 폐단이 사라지지 않고 계속 나타났던 것이다.

유일천거제

1. 머리말

유일(遺逸)이란 학덕(學德)이나 재능을 지니고 있으면서도 벼슬을 하지 않고 초야(草野)에 은거(隱居)하고 있는 선비를 말한다. 이러한 유일을 천거에 의하여 등용하려 한 유일천거제는 중국의 한대(漢代)에 그 연원을 두고 있다. 우리나라에서는 일찍이 삼국시대 초기부터 실시되었는데, 고구려 고국천왕 때 처사(處士) 을파소(乙巴素)가 천거되어 국상(國相)에 오른 사실이 그 첫 사례로 문헌상에 등장하고 있다.[92]

고려에서도 삼국시대의 제도를 이어 받고, 중국의 제도를 참작하여 유일천거제를 제정, 시행하였다. 고려왕조에서 유일천거제가 성립된 시기는 성종 6년(987) 8월이었던 것으로 보인다. 이 당시 12목에 경학박사와 의학박사를 1명씩 두도록 명함과 동시에 지방관으로 하여금 명경(明經)·효제(孝悌) 등이 뛰어난 자를 천거하여 중앙으로 올려 보내되 이것을 법제화하도록 하교했던 것이다.[93] 이렇게 성립된 유일천거제는 고려 말기까지 꾸준

91. 『고려사』권 115, 열전 28, 이숭인.
92. 『증보문헌비고』권 198, 선거제 15, 선용 1.
93. 『고려사절요』권 2, 성종 6년 8월.

히 운용되어 과거제나 음서제 등과 함께 초입사로(初入仕路)의 역할을 담
당하였다.

　　종래 고려시대 유일천거제에 대하여 다룬 논문이 몇 편 발표된 바 있지
만,[94] 개괄적인 수준에 머물고 있는 느낌이 든다. 이 장에서는 이러한 연구
실정을 감안하여 우선 유일의 개념을 구체적으로 살펴본 다음, 이어서 유일
천거제의 시행상황을 천거교령의 반포 실태와 천거사례의 검토를 통하여
파악하도록 하겠다. 이러한 작업을 통해 고려시대의 관리등용 상에서 차지
했던 유일천거제의 위상을 밝혀 보고자 한다.

2. 유일의 개념

　　유(遺)는 본래 세상을 완전히 잊는다는 뜻이었고, 일(逸)은 세상을 떠나
숨는 것, 또는 지위가 없음을 의미하였다.[95] 따라서 유일의 원래 개념은 세
상을 잊거나 숨어있는 자 내지 벼슬이 없는 자였다. 그러나 고려시대에 씌
어진 유일이란 용어는 유일지사(遺逸之士)의 준말로서, 뛰어난 학식과 덕
행, 그리고 재능을 지니고 있으면서도 벼슬을 하지 않고 초야에 묻혀서 은
거하고 있는 선비를 뜻하였다. 여기에서 벼슬을 하지 않고 있다는 것은 처
음부터 관계(官界)에 나가지 않은 경우와 일단 관직을 지니고 있다가 물러
나 있는 경우를 모두 포함한다. 특히 조선후기에는 유일을 촌야(村野)에 묻
혀있다는 뜻에서 산림(山林)이라 칭하기도 하였다. 벼슬을 하지 않고 은거
해 있다는 점에서 은일(隱逸) · 일민(逸民) · 은사(隱士) · 처사(處士) 등의

---

94. 김한규, 「고려시대의 천거제에 대하여」, 『역사학보』73, 1977.
　　시귀선, 「고려기 유일지천의 준행을 통한 천거제도의 일단면」, 전북대 석사학위논문,
　　1988.
95. 마화 · 진정굉 (강경범 · 천현경 역), 『중국은사문화』, 동문선, 1997, p.16.

용어도 유일과 같은 뜻을 지닌 말이라고 할 수 있다. 이 가운데 은사는 벼슬을 하지 않는 것을 특징으로 삼았으며, 미혼여성을 처녀(處女)라 부르고 처(處)라는 글자가 거처한다는 뜻으로 쓰였으므로 처사도 벼슬을 하지 않고 있는 사람이라는 의미를 내포하고 있었다.[96]

그러면 사람들이 유일의 길을 선택하게 되었던 이유는 무엇일까? 중국의 경우를 통해서 살펴보면, 그 이유는 개개인의 성격이나 사상, 생활태도, 가족관계, 정치상황 등과 관련이 있었다. 즉, 첫째는 처음부터 벼슬을 원치 않아 관직에 나가지 않은 사람들이 있었고, 둘째는 젊었을 때부터 마음이 깨끗하여 부귀영화를 바라지 않고 자연을 좋아한 탓에 유일이 되기도 하였다. 셋째는 처음에는 은거할 뜻이 전혀 없었으나 관직생활을 몇 년 하다가 강직한 성격 때문에 결국 견디지 못하고 은거하는 자들도 있었다. 넷째는 부모·형제가 모두 은거하였으므로 그 영향을 받아 유일이 되는 경우를 들 수 있다. 다섯째는 정변이나 전쟁 등으로 인한 난세(亂世)를 맞아 정상적인 생활의 질서가 무너져 버리자 목숨을 부지하고 사회에 항의하기 위해 세상을 피하는 사람들도 많았다. 마지막으로는 젊은 시절에는 벼슬을 원하여 과거에 응시했으나 합격하지 못하자 벼슬길을 포기하고 유일의 길을 택하는 자들도 있었다.[97]

요컨대 유일은 학덕과 재능이 뛰어났지만 개인의 성향 또는 정치상황 등으로 인하여 처음부터 벼슬을 하지 않거나 벼슬을 하다가 물러나서 오랫동안 은거하고 있던 선비를 뜻하였다고 할 수 있다.

96. 앞의 책, pp.15~17.
97. 앞의 책, pp.12~13 ; pp.88~89.

3. 유일천거제의 시행배경

고려왕조에서는 초기부터 유일의 천거를 법제화하는 동시에 국왕들이 지속적으로 천거교령을 반포함으로써 유일의 천거를 촉구하였다. 그러면 고려에서 유일의 천거를 강조하게 된 배경은 과연 무엇일까?

첫째는, 재야의 학덕 높은 현인(賢人)이나 재능이 뛰어난 능자(能者)를 등용하려는 데 있었다. 성종 11년(992) 정월에 반포된 천거교령에 의하면,

> 학식을 쌓지 않으면 선(善)을 알 수 없으며, 어진 인재를 등용하지 않고는 공(功)을 이룰 수 없다. … 아직도 출중한 선비를 초빙하지 못하였으니 어찌 어진 이를 가리고 재능있는 이를 막는 자가 없다고 하겠는가?[98]

라고 하여 천거를 통해 어질고 재능있는 인재를 등용해야 한다고 역설하였다. 이렇게 함으로써 재야의 인재들이 등용되지 못하는 폐단을 없애고, 유현(遺賢)의 한탄이 나오지 않도록 할 수 있다는 것이다.[99] 중국의 경우에도 새 황제가 즉위하면 언제나 은사를 초빙코자 했는데, 그렇게 한 것은 어진 사람을 예우한다는 것을 백성들에게 과시하기 위함이었다고 한다.[100]

둘째는, 다음 사료에 나타나는 바와 같이 유일을 등용함으로써 그들로 하여금 국가경영에 참여하고 정치를 보좌하도록 하려는 데 있었다.

> 은(殷)의 고종은 부암에서 죄인을 징용(徵用)하였으며, 주(周)의 문왕은 위수에서 어부를 등용하였다. 그들에게 혹은 보좌하는 직책을 맡기고 혹은 재상의 지위를 주었으므로 능히 사직(社稷)을 지키고 국가를 경영할 수 있었다.[101]

---

98. 『고려사』 권 75, 선거지 3, 범선거지제.
99. 『고려사』 세가 4, 현종 즉위년 12월 병신.
100. 마화, 앞의 책, p.91.
101. 『고려사』 권 75, 선거지 3, 범선거지제.

유일을 방문하여 그들을 우대해야 한다. 그리하여 박식한 선비를 얻어 나의 부족한 정치를 돕도록 하라.[102]

셋째는, 교육 내지 학문을 장려하고, 유교 윤리를 권장하여 풍속을 교화하려는 데 있었다. 이 점을 이해하는 데는 다음의 교령이 도움을 준다.

3경과 10도에 명하여 박사와 사장(師長)으로서 생도교육에 현저한 공로가 있는 사람은 그 명단을 작성하여 보고토록 하며, 관내에 재능과 학식이 있는 자를 해마다 천거하여 항규(桓規)를 허물지 말라.[103]

임금이 천하를 교화하는 데는 학교가 제일 급선무이다. 요순(堯舜)의 풍습을 계승하고 주공(周公)의 도를 닦으며 국가 헌장(憲章)의 제도를 설치하고, 군신(君臣) 상하의 의례를 분별하여야 한다. 유현을 임용치 않으면 어찌 이러한 규범들을 이룩할 수 있겠는가.[104]

이처럼 유일의 천거는 학문장려와 풍속교화의 목적도 있었다. 중국의 경우에도 유일의 행동은 세상의 본보기가 되고, 학문은 온 백성의 스승이 될 수 있기 때문에, 만약 그들을 초빙할 수만 있다면 고금에 빛나게 하고 덕화(德化)에 이익이 되도록 할 수 있을 것으로 믿고 있었다.[105] 따라서 통치자는 유일을 표본으로 삼아 자신의 뜻에 만족하고 이해득실을 따지지 않으며 탐욕을 부끄럽게 여기는 유일의 정신을 제창하여 풍속을 개선하고 교화시키려 하였다.[106]

마지막으로는, 가뭄·홍수 등의 자연재해, 전염병, 범죄 등으로 흐트러

---

102. 『고려사』 세가 3, 성종 8년 4월 임술.
103. 『고려사』 권 74, 선거지 2, 학교.
104. 『고려사』 세가 3, 성종 11년 12월 경신.
105. 마화, 앞의 책, p.91.
106. 마화, 앞의 책, pp.79~80.

진 민심을 수습하려는 방안으로 유일천거가 이루어지기도 하였다. 중국의 역대 왕조나 우리나라의 삼국시대와 마찬가지로 고려에서도 자연재해 등이 발생하면 민심수습 차원에서 죄수를 사면 또는 감형하고, 홀아비·과부 등을 구휼하며, 조세를 감면하는 등의 조처와 함께 유일을 천거토록 명하였던 것이다. 그러한 사례를 들면, 우선 선종(宣宗) 3년(1086) 6월에,

최근 괴변이 자주 일어나고 한재(旱災)가 계속되고 있다. … 나 자신을 반성하고 자신의 잘못을 책망하기도 하였으며, 여러 차례에 걸쳐 관대한 특전을 베풀었으나 아직도 비가 내리지 않으니, 이는 아마도 나에게 덕이 없기 때문인 것 같다. 그러나 한편으로는 신하들의 하는 일이 잘못되어 특출한 재능을 지닌 인재들이 등용되지 못할까 염려된다. … 충직하고 청렴하며 재주와 덕망이 있는 사람을 각기 한 명씩 천거하라.[107]

는 교서를 내린 바 있다. 또한 의종(毅宗) 16년(1162) 5월에도,

근래에 범죄자들이 근절되지 않고 민간에 역질이 창궐하니, 내가 제일 민망하게 여기는 바이다. 해당관리는 참형 이하의 죄수들을 석방하고, 각 도와 군·현의 미납된 조세를 면제하며, 창고에 있는 곡식을 내어 빈궁하고 살길이 없는 사람들을 구제하고, 아울러 청백하고 절개를 지키는 자들을 천거하라.[108]

라 하여 범죄와 역질(疫疾)의 발생시 죄수석방, 조세면제, 빈민구제 등과 함께 청백하고 절개가 있는 유일을 천거토록 명하고 있다.

앞에서 살펴본 것처럼 고려왕조에서 유일을 천거토록 한 의도는 재야의 인재등용, 국가경영의 보좌, 교육의 장려와 풍속교화, 민심수습 등으로 요약할 수 있다. 그러나 무엇보다 중요한 목적은 왕권 내지 정권의 안정과

---

107. 『고려사』 세가 10, 선종 3년 6월 계묘.
108. 『고려사』 세가 18, 의종 16년 5월 정사.

유지에 있었다.

4. 유일천거제의 시행상황

1) 천거교령의 반포

고려에서는 제도적 뒷받침 아래 유일천거를 명하는 국왕의 교령(敎令)이나 조서(詔書)를 반포하여 유일의 천거를 촉구하였다. 이러한 천거교령에 의하여 유일의 천거는 부정기적으로 이루어졌다. 『고려사』와 『증보문헌비고』에 의하면 고려시대에 모두 23회의 유일천거교령이 반포된 것으로 나타나고 있다. 그러나 이것이 고려시대에 내려진 유일천거교령을 모두 포괄하고 있는 것은 물론 아닐 것이다. 사료의 일실(逸失) 등으로 인해 문헌상에 수록되지 못한 부분도 많았으리라 여겨진다. 또한 이러한 교령은 중앙에서 반포한 것만 포함하였고, 국왕의 순시 중 지방에서 내린 교령은 포함되지 않았다.

앞에서 언급한 유일천거교령의 횟수를 왕대별(王代別)로 구분하면, 고려초기인 성종 때부터 마지막 왕인 공양왕 때까지 교령이 내려진 것으로 나타나고 있다. 이를 보아 유일천거가 제도화된 성종 때 이래 거의 모든 왕대에 걸쳐 지속적으로 유일천거를 촉구한 것을 알 수 있다. 이것은 고려의 역대 집권층이 유일천거에 각별한 관심을 가지고 있었음을 알려 준다. 무신란을 기준으로 전기와 후기로 나누어보면 전기 13회, 후기 10회로서, 전·후기에 비교적 고르게 교령이 반포된 것으로 보인다. 가장 빈번하게 교령이 내려진 시기는 성종 때와 공민왕 때인데, 이는 성종 때의 유교강화정책, 공민왕 때의 왕권강화정책과 관련이 있었던 것으로 보인다. 무신집권기와 원(元) 간섭기에는 천거교령이 비교적 적게 내려졌지만, 이 때에도 여전히 유일천거가 이루어지고 있었음을 알 수 있다.

다음은 유일천거교령 상의 거주(擧主)의 범위를 살펴보도록 하겠다. 유일천거에 있어서 거주의 범위는 법제적으로 규정되지는 않고, 교령마다 각기 그 범위에 변동이 있어 일정치 않았다. 그러나 그 특징을 보면, 거주는 예외없이 중앙과 지방의 관료에 한정되어 있었고, 관직이 없는 자들에게는 천거의 권한이 주어지지 않았다. 또한 전기에는 중앙의 경우는 대개 문·무 5품 이상의 관료로 거주가 제한되어, 주로 재상·시종관이 천거할 수 있었고, 지방에서는 수령에게 천거권이 있었다. 후기에는 중앙의 경우 주로 재상·대성·육조, 지방의 경우 안렴사나 소재관(所在官)에게 천거의 권한이 주어졌다. 그 밖에 이들 거주들이 천거를 잘못했을 경우 그들을 처벌토록 하는 이른바 거주연좌의 규정이 인종 5년(1127) 3월과 공민왕 12년(1363)의 교령에 명시되어 공정하고 객관적인 천거를 당부하였다.

그러면 어떤 사람들이 유일로 천거될 수 있었을까? 피천자(被薦者)는 우선 학덕과 재능을 지니고 있어야 했다. 교령에 보이는 명경효제(明經孝悌), 덕행재능(德行才能), 재학(才學), 재덕(才德), 무재석덕(茂才碩德), 경명행수무재(經明行修茂才), 회재포도(懷才抱道) 등의 요건이 이를 잘 말해주고 있다. 여기에서 학덕은 경명행수(經明行修)를 이르는 것으로서 유교경전에 대한 해박한 지식을 소유함과 동시에 유교윤리의 실천에도 모범적인 유학자가 이에 해당되었다. 또한 재능은 능문능리(能文能吏), 즉 문장·문필과 행정적 능력을 겸비한 것을 의미하였다. 그 다음으로는 청백(淸白)·수절(守節)의 덕목이 요구되기도 하였다. 성품이 고결하고 탐욕스럽지 않으며, 깨끗한 청렴결백(淸廉潔白), 절개와 의리를 지키는 수절(守節)이 유일의 또 다른 특징으로 인식되고 있었던 것이다.[109]

특히 공민왕 이후에는 현량(賢良)이라는 요건이 자주 등장하고 있다. 현량에 대하여 실학자 최한기(崔漢綺)는 '현량이란 성품이 순수하고 선량

---

109. 중국의 경우, 대범함·깨끗함·고상함·소박함이 은사의 독특한 품격이었다.(마화, 앞의 책, p.17)

한 것을 뜻하며, 현량한 사람은 인(仁)에 가까워 인도(人道)를 쉽게 이룰 수 있다.' [110]라고 한 바 있다. 따라서 현량이란 결국 유교적 소양을 갖춘 인물을 가리키는 것이라 하겠다.

유일로 천거되기 위해서는 학덕과 재능 외에 초야에 은거해야 한다는 요건도 필요하였다. 은체구원자(隱滯丘園者), 퇴거암곡자(退居巖谷者) 등이 초야의 은거자를 뜻한다. 또한 유일의 요건 가운데 중요한 것으로는 벼슬을 하지 않고 있다는 것이었다. 이에는 비둔불사(肥遁不仕), 등과미관(登科未官) 등 원래부터 관직이 없는 무직자(無職者)와, 퇴거암곡(退居巖谷) 같이 전에 관직이 있었으나 현재는 은퇴 상태에 있는 전직관리(前職官吏)까지도 포함된 것으로 생각된다.

요컨대 유일천거교령 상에 나타나는 유일의 필요충분조건은 학덕과 재능, 즉 유교적 소양과 행정적 능력을 갖추고 초야에 은거하고 있던 벼슬없는 문사(文士)라고 하겠다.

2) 천거 사례의 검토

중국에서는 왕조마다 유일을 초빙하는 조서를 수없이 공포하였으며, 새 황제가 즉위하면 언제나 어진 사람을 예우한다는 것을 보이기 위해 저명한 유일을 초빙하고자 하였다. [111] 이와 마찬가지로 고려의 국왕들도 지속적으로 유일을 천거하라는 교령을 반포하였고, 이에 따라 다수의 유일이 천거되어 관직을 제수받았다.

『고려사』에는 다수의 피천자가 등장하고 있는데, 그러한 사례를 몇 가지 살펴보도록 하겠다. 먼저, 숙종 8년(1103) 10월에 무등산 처사 은원충(殷

110. 최한기,『인정』권 14, 선인문 1.
111. 마화, 앞의 책, p.91.

元忠)을 천거한 사실을 지적할 수 있다.[112] 그는 천거된 후 관직에 임명되었
다. 그 다음은 곽여(郭輿)의 예를 들 수 있다. 곽여는 과거에 급제하여 홍주
목사 등을 지내다가 금주로 가서 은거하고 있었는데, 예종이 즉위한 후 그
를 불러 궁중에 거처하게 하고 선생으로 칭호하며 극진히 예우하였다.[113]

또한 이승휴(李承休)도 천거를 받은 경우에 속한다. 그는 일찍이 천거
를 통해 관직생활을 시작하였으나, 원종(元宗)의 미움을 사서 파면된 후 고
향에서 은거생활을 하고 있었다. 그 후 충선왕이 즉위하자 다음과 같은 교
서를 내려 그를 불러들이고자 하였다.

> 내가 듣건대 임금은 현명한 인재를 구하는데 노력해야 하며 인재를 얻어야만 평안
> 히 지낼 수 있다고 한다. 이 때문에 한 가지 재능과 재예가 있는 자라도 반드시 초
> 빙하려고 하는데 하물며 그대와 같이 유능한 인재를 그냥 둘 수 있겠는가?

이와 같은 교서가 내려지자 이승휴는 노병(老病)을 이유로 관직을 거듭
사양하였으나, 결국 판비서사(判秘書事)에 임명되었고, 나중에 밀직부사 ·
감찰대부 등을 거쳐 사림학사에 까지 올랐다.[114]

『고려사』 열전에는 16명의 천거 사례가 나타나고 있는데, 이를 좀더 구
체적으로 분석해 보도록 하겠다. 먼저 피천자의 전력(前歷)을 보면, 유일천
거제가 원래부터 관직이 없는 자들의 초입사로와, 은퇴 내지 사직상태에 있
는 전직관리의 복직로로서의 역할을 담당했음을 확인할 수 있다. 또한 피
천자들 가운데 다수가 천거되기 전에 이미 과거에 급제한 자들이었던 것으
로 나타나고 있다. 따라서 유일천거제는 과거에 급제하지 못한 자의 입사
로로서의 기능에 비하여 오랫동안 등용되지 못하고 초야에 묻혀있는 과거

112. 『고려사』 세가 12, 숙종 8년 10월 경오.
113. 『고려사』 권 97, 열전 10, 곽상 ; 앞의 책, 세가 14, 예종 11년 4월 병인.
114. 『고려사』 권 106, 열전 19, 이승휴.

급제자의 입사로로의 기능이 더욱 우세하였다고 할 수 있을 것이다.

　피천자들 가운데는 벼슬을 구하지 않고 은거하면서 학문에만 전념하는 등 천거교령 상에 제시된 전형적인 유일의 면모를 지닌 자들이 많았다. 최유청(崔惟淸)은 공부하기를 좋아하여, 과거에 급제하고도 '선비란 옛 것을 배운 후에 벼슬길에 들어가야 한다' 라고 하면서 문을 닫고 글공부에 몰두하여 벼슬을 구하지 않았다. 혹 자기를 천거하는 자가 있으면 아직 공부가 미숙하다고 하면서 사양하였다.[115] 오세재(吳世才)는 당대의 유명한 선비인 이인로(李仁老)·임춘(林椿) 등과 함께 친우관계를 맺어 교유하면서 시와 술로 즐겼는데, 사람들은 이들 7명을 중국 강좌(江左)의 칠현(七賢)에 비유하였다고 한다.[116] 한유한(韓惟漢)은 대대로 서울에 살았으나 벼슬길에 나서기를 즐기지 않았으며, 최충헌이 정권을 잡은 후 처자를 데리고 지리산으로 들어가 절개를 지키면서 사람들과 교유하지 않았으므로 사람들이 그의 지조를 고상하게 여겼다고 전해진다.[117] 장일(張鎰)은 과거에 급제하였으나 집으로 돌아가서 15년 동안이나 있다가 관직에 올랐다. 그 후 벼슬을 그만 두게 되자 전과 같이 은둔하여 한평생을 보내려고 하다가 천거되었다.[118] 이승휴는 과거에 급제하였으나 10여 년 동안 두타산에 들어가 몸소 밭을 갈며 모친을 봉양하였다. 그 후 안집사 이심(李深)이 개성에 올라가라고 간곡히 권유하였으므로 상경하여 천거를 받게 된다.[119] 이성(李晟)은 수원사록(水原司錄)으로 있다가 임기가 끝나자 가솔을 데리고 죽계 마을의 집으로 돌아가 벼슬을 단념하고 날마다 고서를 연구하다가 천거를 받았다.[120]

---

115. 『고려사』 권 99, 열전 12, 최유청.
116. 『고려사』 권 102, 열전 15, 이인로.
117. 『고려사』 권 99, 열전 12, 한유한.
118. 『고려사』 권 106, 열전 19, 장일.
119. 『고려사』 권 106, 열전 19, 이승휴.
120. 『고려사』 권 109, 열전 22, 이성.

다음으로 유일의 가계(家系)를 살펴보면, 그들 가운데는 한미(寒微)한 가문 출신들이 있었다. 그러나 가계가 확인된 자들의 부(父)·조(祖) 등에는 5품 이상의 고관을 역임한 인물들도 많았다. 또한 유일의 조상 가운데는 공신(功臣)도 있었다. 따라서 유일천거제가 한미한 가문 출신만이 아니라 명문집안 출신의 입사로로도 활용되었음을 알 수 있다. 이것은 또한 유일천거제가 개인의 덕행이나 재능을 중시하는 측면이 강하였지만, 가문을 중시하는 측면도 지니고 있었음을 시사해주고 있다. 그러므로 문음제와 마찬가지로 지배층의 형성과 유지에 유일천거제가 어느 정도의 역할을 했다고 할 수 있다.

또한 유일의 천거가 본격적으로 이루어지기 시작한 때는 예종 때부터이며, 가장 활발하게 시행된 시기는 고종 때와 공민왕 때라고 할 수 있다. 또한 유일천거제는 고려 전기 이래 무신집권기, 몽고간섭기를 거쳐 말기에 이르기까지 지속적이고 비교적 고르게 시행되었다. 이러한 경향은 유일천거교령의 반포 횟수와 맥을 같이하고 있다. 이 점은 또한 정치적 상황의 변동 내지 차이에도 불구하고 역대의 집권층이 유일천거의 필요성을 느끼고 있었음을 보여주고 있다. 다시 말해서 여느 정권을 막론하고 유일천거제를 통치상 유효한 정책으로 인식하였고, 이에 따라 실제로 이를 통치에 반영한 결과라고 하겠다.

유일천거에 있어서 거주를 살펴보면, 거주들이 대부분 종3품 이상의 중앙 고관으로 밝혀졌다. 이는 유일천거교령에 명시된 거주의 범위와는 달리 실제 시행에 있어서는 중앙의 고관들에게 천거의 권한이 집중되어 있었고, 이에 따라 이들이 대부분의 유일을 천거하였음을 나타내고 있다.

유일들은 천거를 받은 직후 거의 대부분 관직이 제수되었다. 그러나 오세재는 이인로(李仁老)에 의하여 세 번이나 천거되었으나 끝내 등용되지 못하였다. 그가 등용되지 못한 이유를 사관(史官)은 성품이 소탈하고 조심성이 부족한 탓으로 돌리고 있으나,[121] 실은 세상과 타협하지 못한 그의 성격 때문이 아니었을까 생각된다. 이규보(李奎報)도 처음으로 천거되었을 때에는 그에게 불만을 가진 사람들의 압력으로 인하여 오랫동안 등용되지 못하다가 나중에 다시 천거되어 등용되었다.[122] 또한 한유한은 관직을 제수받고도 끝내 취임치 않고 종신토록 세상에 나오지 않았다.[123]

이처럼 천거를 받은 유일들 중에는 아예 등용되지 못하거나, 관직을 제수받은 뒤에도 취임하지 않는 경우가 있었지만, 대부분의 유일들은 천거 직후 관직을 제수받고 취임하였다. 유일들이 천거된 직후 받은 관직은, 무직자의 경우 대부분 정7품에서 종5품까지의 중앙관직인 경직(京職)이었다. 유직자(有職者), 즉 전직관리들은 전에 가지고 있던 관직에 비하여 대개 1품계 높은 관직에 임용되었다. 또한 유일들이 임명된 관서는 한림원(翰林院)이나 사관(史館) 등의 문한기관(文翰機關), 국자감(國子監) 등의 교육기관, 그리고 감찰사(監察司), 즉 사헌부(司憲府)같은 언론기관이 대부분을 차지하였다. 따라서 유일들은 그들의 높은 학덕이나 재능에 어울리는 문한기관·교육기관·언론기관 등에 입사하였고 하겠다. 이렇게 입사한 유일들은 거의 대부분이 종3품 이상의 고관으로까지 승진하였다. 이를 통하여 천거를 받고 입사한 유일들은 승진상 별다른 제한이나 불이익을 받지 않고 고관으로 진출할 수 있었음을 알 수 있다.

5. 맺음말

유일은 유일지사의 준말로서, 뛰어난 학식과 덕행, 그리고 재능을 지니고 있으면서도 벼슬을 하지 않은 채 초야에 은거하고 있는 선비를 뜻하였

121. 『고려사』 권 102, 열전 15, 이인로.
122. 『고려사』 권 102, 열전 15, 이규보.
123. 『고려사』 권 99, 열전 12, 한유한.

다. 유일의 등용을 위해서 고려왕조에서는 초기부터 유일천거제를 마련하
고 천거를 명하는 국왕의 교령을 지속적으로 하달하였다.

　　고려에서 유일의 천거를 중시한 배경은 재야의 인재 등용, 국가경영에
의 보좌, 교육의 장려와 풍속교화, 민심수습 등과 아울러 궁극적으로는 왕
권내지 정권의 안정·유지에 있었다.

　　유일의 천거는 제도적 규정과 국왕의 교령에 의해서 부정기적으로 이
루어졌다. 『고려사』와 『증보문헌비고』에 의하면 고려시대에 모두 23회의
유일천거를 명하는 교령이 반포된 것으로 나타나고 있다. 즉, 유일의 천거
가 제도화된 성종 때부터 말기까지 거의 모든 왕대에 걸쳐 교령이 내려졌
다. 이를 통하여 고려의 집권층이 유일천거에 각별한 관심을 가지고 있었
음을 알 수 있다.

　　교령 상에 명시된 거주의 범위는 중앙의 경우 대개 재상·시종관·육
조·대성 등 5품 이상의 문·무 관료로 한정되었고, 지방은 주로 안렴사(관
찰사)나 수령들로 되어 있었다. 유일로 천거되기 위해서는 학덕과 재능, 즉
유교적 소양과 행정적 능력을 갖추고 초야에 은거하고 있는 벼슬없는 선비
라는 요건을 충족시켜야만 하였다. 특히 유일의 가장 두드러진 요건은 현재
벼슬을 지니지 않고 있다는 점이었는데, 여기에는 원래 관직이 없는 무직자
와 함께, 관직에 복무하다가 은거하고 있는 전직관리까지도 포함되었다.

　　이러한 천거교령에 의하여 다수의 유일이 천거되었겠지만, 기록상의
누락 등으로 인하여 대부분의 피천자들이 드러나지 않고 있다. 다만 『고려
사』 열전에 전해지고 있는 16명의 기사를 통해 유일천거제의 시행 상황을
엿볼 수 있을 뿐이다.

　　피천자 16명의 사례를 검토한 바를 요약하면, 우선 피천자들의 전력을
통해 볼 때 유일천거제가 무직자의 초입사로와 전직관리의 복직로로 활용
되었음을 확인할 수 있다. 또한 피천자의 대부분이 과거급제자들이었던 점
으로 보아 유일천거제가 과거급제자의 등용로로 기능하기도 하였다고 하

겠다. 피천자들의 출신배경을 보면, 유일천거제가 한미한 가문 출신만이 아니라 명문가 출신의 입사로로도 이용되었음을 알 게 된다. 이는 유일천거제가 개인의 학덕이나 재능을 중시하는 측면과 가문을 중시하는 측면을 아울러 내포하고 있었음을 보여주고 있다. 또한 유일의 천거는 예종 때 이래 거의 모든 시기에 걸쳐 지속적으로 이루어졌으며, 천거의 권한은 중앙의 고관들이 독점하고 있었으므로 자연히 중앙의 고관들에 의하여 천거가 대부분 이루어졌다.

유일들은 천거된 직후 거의 모두가 7품 이하의 중앙관직에 임용되었으며, 그들이 부임한 관서는 주로 문한·교육·언론기관이었다. 그들 중 다수는 뒤에 3품 이상의 고관으로 진출하게 된다. 이것을 통해 유일천거제가 관리 임용에서 차지하고 있던 위상이 상당히 높았음을 짐작할 수 있다.

마지막으로 유일천거제의 기능을 정리하면, 첫째로 과거에 급제하지 않고 은거상태에 있던 무직자의 입사로로서의 역할을 담당한 것을 지적할 수 있다. 둘째는, 과거제의 보완적 수단, 즉 과거에 급제하고도 오랫동안 등용되지 못하고 있는 자들을 위한 등용로로서의 기능이다. 셋째는 오랫동안 관계를 떠나 묻혀있는 전직관리의 복직로로 운용된 점이다.

효행자천거제

1. 머리말

고려시대에는 유교가 정치이념으로 채택되어 불교와 더불어 크게 발전하였다. 고려의 유교는 국초에 태조·광종·성종 등의 적극적인 진흥책에 의하여 발전의 계기가 마련되었다. 태조는 유교를 국가체제의 이념으로 삼고 이를 여러 가지 시책을 통하여 실천함으로써 유교발전의 초석을 놓았다. 광종은 과거제를 통해 유교지식 위주의 인재선발을 지향하여 유교적 문풍(文風)이 크게 일어나는 중요한 계기를 마련하였다. 또한 성종 때에는 유신(儒臣) 최승로(崔承老)의 보필을 통하여 숭유정책(崇儒政策)을 실시함으로써 유교이념이 제도적으로 정립되었다.[124]

특히 유교주의 이념이 정립된 성종 때부터는 왕조의 권력을 통하여 효(孝) 사상 등의 유교윤리를 보급·장려하는 정책이 적극적으로 추진되었다. 그것은 효 등의 윤리가 단순한 가족윤리의 규범을 넘어서 체제의 이념적 기초를 이루고 있었기 때문이다.

유교윤리를 보급·장려하기 위한 방편으로 국가에서는 『효경』(孝經)

---

124. 윤남한, 「유학의 성격」, 『한국사』6, 국사편찬위원회, 1975, pp.223~240.

등의 경전을 간행하여 널리 읽도록 하거나, 윤리서를 과거시험 과목에 포함시켜 유교윤리가 지식인의 필수교양이 되도록 하였다.[125] 또한 효자·순손(順孫)·열녀(烈女) 등에 대한 천거와 포상(褒賞) 등이 적극적으로 이루어졌다.

이와 관련하여 이 장에서는 효자·효녀 등의 효행자(孝行者)와 열녀에 대한 천거, 포상 실태를 중점적으로 살펴보고자 한다. 이를 통하여 고려왕조의 유교윤리 장려정책의 구체적 실상을 밝히고, 더 나아가 유교주의적 정치이념의 전개과정에 다소나마 접근할 수 있으리라 믿는다.

여기에서는 우선 고려 초기 효행자천거제의 전개과정을 시대별로 간략히 검토하고, 이어서 효행자천거제의 실태를 효행자와 열녀의 행적·성분·포상내용 등의 분석을 통하여 밝혀보려고 한다. 효행자, 열녀의 행적·포상내용 등을 분석하는데 주로 이용된 자료는 조선왕조 중종 때에 간행된 『신증동국여지승람』(新增東國輿地勝覽)에 수록되어 있는 각 군현(郡縣)의 효자 항과 열녀 항이다.

2. 효행자천거제의 추이

우리나라에서 유교윤리 장려정책의 일환으로서 효행자천거제가 시행되기 시작한 것은 유교사상이 처음 전래된 삼국시대 초기부터였다. 이미 고구려 초기인 태조왕 66년(118)에 다음과 같이 효자와 순손을 천거토록 명하는 교서를 반포한 사실이 있는 것이다.

소사(所司)에 명하여 현량과 효자·순손을 천거토록 하였다.[126]

125. 이희덕, 「고려시대 효사상의 전개」, 『역사학보』55, 1972, pp.38~45.
126. 『삼국사기』 고구려 본기 제 3, 태조왕 66년 8월.

삼국시대 유교윤리 장려의 실상을 자세히 알 수는 없지만, 어쨌든 위의 기사를 통하여 삼국시대 초기부터 이미 국가적으로 유교윤리의 장려 정책이 시행되었고, 이에 따라 유교윤리가 백성들 사이에 어느 정도 보급되어 있었음을 추측할 수 있다.

고려왕조에서도 개국 직후부터 유교윤리 장려책이 실시되었다. 고려에서 유교윤리의 장려·보급이 본격적으로 이루어지기 시작한 것은 성종 때부터였던 것으로 보인다. 다음의 교서를 통하여 이를 확인할 수 있다.

경학(經學)에 통달하고 경적(經籍)을 많이 읽은 유자(儒者)와 온고지신(溫故知新)의 무리를 뽑아 12목에 각각 경학박사 1명과 의학박사 1명씩을 파견한다. 이들의 품행이 착실하고 교수방법이 능란하여 학생들을 잘 가르치면 반드시 그 공적의 대소를 심사하여 높은 벼슬에 발탁하여 추장(推獎)하는 방책을 취할 것이다. … 이후부터 만일 열심히 공부하여 경서(經書)에 밝고 효도와 우애가 뛰어나며 의술이 쓸 만한 자들을 고을 수령이 빠짐없이 기록하여 중앙으로 천거토록 하라.[127]

이처럼 성종은 경학 등에 밝은 유학자들을 선발, 파견하여 지방의 학생들에게 유교사상을 보급하는 동시에 효도와 우애가 뛰어난 자 등을 천거토록 함으로써 유교윤리의 장려를 꾀했던 것이다.

위와 같은 성종의 명령에 따라 유교교육에 노력한 경학박사와 유교윤리의 실천에 힘쓴 효행자 등이 천거되어 포상을 받았다. 즉 성종 8년(989) 4월 교서에 의하면,

근래에 해당 부서에서 천거한 사람들의 명수(名數)를 보니 오직 대학 조교 송승연(宋承演)과 나주목 경학박사 전보인(全輔仁)이 열심히 후배들을 교양함으로써 글을 널리 배우도록 하라는 공자(孔子)의 정신에 부합되며, 열심히 가르치라는 나의

---

127. 『고려사』 세가 3, 성종 6년 8월.

뜻에 보답하고 있다. 이들을 발탁하여 나의 특별한 총애의 뜻을 표시하라.[128]

라고 하여 유교 교육에 힘쓴 공로로 천거된 경학박사 전보인 등에게 초탁(超擢)의 은전이 베풀어졌던 것이다.

이듬해인 성종 9년 (990) 9월에는 전국에서 천거된 손순흥(孫順興) 등 10여명의 효행자들에게 대대적인 포상이 내려졌다. 이 때 성종은 효야말로 치국(治國)의 근본이라고 하면서 유교주의적 신념을 천명한 교서를 다음과 같이 반포하였다.

> 국가를 다스리는 데는 반드시 먼저 근본을 힘써야 한다. 근본을 힘쓰는 데는 효도 가 제일이다. 효도는 3황 5제의 기본 사업으로서 만사의 강령(綱令)이요 모든 선 (善)의 주체이다. 그렇기 때문에 한황(漢皇)은 양인(楊引)이 자기 부모를 소중하게 여긴 것을 기특하게 생각하여 그의 집과 마을에 정문(旌門)을 세워 그의 효성을 표 창하였고, 진제(晋帝)는 왕상(王祥)의 지극한 효성을 장려하여 사서(史書)에 그의 이름을 기록하도록 명하였다. … 그래서 육경(六經)의 대의를 본받고 삼례(三禮) 의 규례를 좇아 일국의 풍속을 다 오효(五孝)의 가문을 따르도록 하려고 한다.[129]

이것을 통하여 성종의 적극적인 유교사상 보급과 유교윤리 장려정책의 추진이 그의 투철한 유교적 신념에서 비롯된 것임을 알 수 있다.

성종은 동왕 11년(992), 중앙에 정식으로 국자감(國子監)을 설치하여 유교교육제도의 기반을 확립함으로써 본격적인 유교교육의 터전을 마련하였다.[130] 그 후 동왕 16년(997) 8월에는 의부(義夫)·절부(節婦)·효자·순손 등에게 정문(旌門)을 세워주고 물품을 하사함으로써 계속적으로 유교윤리의 실천을 권장하였다.[131]

128. 『고려사』 세가 3, 성종 8년 4월.
129. 『고려사』 세가 3, 성종 9년 9월.
130. 『고려사』 세가 3, 성종 11년 12월.

　　이와 같은 성종의 유교진흥 노력에 대하여 이제현(李齊賢)은 다음과 같이 적절하게 평가하였다.

성종은 종묘를 세우고 사직을 설치하였으며, 학비를 넉넉하게 주어 선비를 양성하였고, 복시(覆試)를 보여 인재를 선발하였다. 수령들에게 백성들을 잘 구휼(救恤)하게 하고 효자와 절부를 표창하여 풍속을 아름답게 하였다. 매번 친필교서를 내릴 때마다 말씀이 간곡하여 풍속을 변형하는 것으로 자기의 임무를 삼았다. … 그리하여 나라의 풍속이 거의 일변(一變)될 수 있었던 것이다.[132]

　　이처럼 이제현은 성종을 풍속을 아름답게 하고 크게 변혁시킨 군주로 높이 평가하였던 것이다. 앞에서 살펴본 성종의 숭유정책은 유신 최승로 등의 보필을 받아 시행된 것으로서, 그 결과 유교가 정치이념으로 확립되고 학문적으로도 크게 발전하였으며 유교윤리가 널리 보급될 수 있었다.

　　성종에 이어 즉위한 목종 때에도 유교윤리 장려정책 및 효행자천거제가 지속적으로 시행되어 동왕 즉위년(997) 12월에 대사령(大赦令)을 내리고 효자·순손을 포상하였다.[133] 그 후 동왕 6년(1003)에는 유교교육의 부진을 질책하면서 생도들의 학업에 힘쓴 박사나 사장(師長)들을 천거하도록 다음과 같이 지시한 바 있다.

나는 어린 사람으로서 어렵고 중대한 일을 계승하여 진유(眞儒)의 도를 널리 알리고 성현(聖賢)의 가르침을 드높이려 한다. 그러나 아직 사람을 열심히 가르치는 선생도 많지 않고, 옛것을 좋아하여 알뜰하게 배우려는 자도 적은 듯 하다. 각 주·현의 학교에서는 혹 조그마한 이익을 추구하여 혹은 이단으로 달아나서 선생의 교육은 점점 게을러지고 생도들의 학업이 잘 이루어지지 않는다. 이제 현명한 인재

---

131. 『고려사』 세가 3, 성종 16년 8월.
132. 『고려사』 세가 3, 성종 16년 8월.
133. 『고려사』 세가 3, 목종 즉위년 12월.

들을 등용하고 선량한 사람들을 승진시키는 길을 넓히려고 한다. 3경 10도의 모든 관리들은 나의 타이르는 뜻을 본받아 학업을 장려하도록 하라. 문학·유학·의학·서복((筮卜) 등에 관심을 가진 자들로 하여금 경서에 밝고 박학통달(博學通達)한 선생을 찾아가게 하라. 박사와 사장들은 생도들의 공부를 장려토록 하라. 그 가운데 특히 부지런한 자가 있으면 이름을 기록하여 보고하라.[134]

이 교서에 의하면 성종 때에 확립된 유교교육 제도가 아직 제대로의 기능을 발휘하지 못하고 있었음을 알 수 있다. 따라서 목종은 이러한 상황을 개탄하면서 유교교육의 활성화를 촉구하였던 것으로 보인다.

유교윤리 장려정책은 그 후에도 지속적으로 추진되어 선종 3년(1086) 6월에는 효성과 우애가 두터운 자들과 불효하고 우애없는 자들을 보고하도록 명하였다.[135] 또한 의종 17년(1163) 3월에는 동면도감 판관인 손응시(孫應時)가 부모상을 당하여 3년 동안 여묘(廬墓)하자 조서를 내려 정려(旌閭)하도록 하기도 하였다.[136] 고려말기인 공양왕 2년(1390)에도 개성부로 하여금 효자·순손을 탁용(擢用)하도록 명한 바 있다.[137] 이와 같이 고려초기부터 시행된 유교윤리 장려정책 및 효행자천거제는 말기까지 계속적으로 추진되었던 것이다.

---

134. 『고려사』세가 3, 목종 6년 정월.
135. 『고려사』세가 10, 선종 3년 6월.
136. 『고려사』세가 18, 의종 17년 3월.
137. 『고려사』지 30, 백관 1, 개성부.

3. 효행자천거제의 시행상황

1) 효행자에 대한 천거, 포상

(1) 효행자의 행적

국가적으로 전개된 유교윤리 장려정책에 의하여 삼국시대부터 효행이나 정절(貞節)로 널리 알려진 효자·열녀 등이 천거되어 국가로부터 각종의 포상을 받았다. 이들의 행적은 사서 등에 수록되어 유교윤리의 장려·보급에 활용되었다.

Ⅲ장에서는 『신증동국여지승람』에 수록된 고려시대의 효행자와 열녀들의 행적·성분·포상내용 등을 살펴보도록 하겠다. 『신증동국여지승람』은 조선왕조 중종 25년(1530)에 이행(李荇) 등이 어명을 받들어, 성종 때 편찬되었던 『동국여지승람』을 증보·개정한 책이다. 이 책에는 전국 각지의 지리·풍속 외에 삼국시대부터 조선초기까지의 효행자·열녀의 명단과 그들의 행적·포상내용 등이 기재되어 있다. 『신증동국여지승람』에 실려 있는 고려시대 효행자의 수는 효자 61명, 효녀 3명이며, 열녀의 수는 27명이다.

『신증동국여지승람』에 나오는 고려시대 효행자들의 행적은 대체로 4가지 유형으로 나누어 볼 수 있다. 즉 부모 사후의 시묘(侍墓), 부모의 병구완, 위험으로부터의 부모 구출, 그리고 부모에 대한 극진한 봉양 등이다. 이 유형별로 인원을 나누어 보면, 효행자 64명 가운데 부모 사후의 시묘가 가장 많은 비중을 차지하고 있다. 전체의 약 절반 가량이 시묘를 한 것으로 보아 시묘가 고려시대 효행의 가장 일반적인 형태였던 것으로 보인다. 시묘를 다시 기간별로 구분하면 3년 시묘가 가장 많았으나, 6년 동안 시묘를 한 인원도 있었다. 따라서 시묘 기간은 3년이 보편적으로 행하여 졌지만, 6년 시묘를 한 효자들도 상당히 많았음을 알 수 있다.

시묘 또는 여묘란 무덤 옆에 짚으로 엮어 만든 여막(廬幕)을 짓고 거기에서 부모의 상기(喪期)를 지내는 것으로서 공자의 상(喪)에 제자 자공(子

貢)이 묘 위에서 6년을 지낸 것이 시초이다. 시묘는 보통 부모 별세 후 3년 씩 치르는 것이지만, 부모 또는 조부모의 상이 겹치는 경우 6년 내지 9년 동 안 계속하는 예도 있었다. 시묘 중의 상주는 상복을 입고 조식(粗食)을 하 며 처와도 별거해야 하므로 사회생활을 해야 하는 사람들로서는 매우 지키 기 힘든 의례요 극단의 효행이었다. 시묘는 노비를 대신 시킬 만큼 힘든 고 행이었기 때문에 이러한 어려운 고행을 치른 사람을 효행으로 포상하였던 것이다. 고려시대에는 이미 성종 때부터 시묘의 풍습이 관행적으로 행하여 졌다.[138]

이같은 사실은 앞에서 살펴본 효행자의 행적을 통해서도 입증되고 있 다. 효행자들의 시묘 사례를 몇 가지 들면, 먼저 인천의 효자 이원현(李元 絢)은 부모상을 당하여 6년 동안 시묘했는데, 그의 집에서 산소까지의 거리 가 5리에 지나지 않았으나 한번도 집에 내왕하지 않았다고 한다.[139] 양산의 박창(朴暢)의 경우는 부모상을 당하여 깊은 골짜기에 여막을 짓고 밤낮으 로 애통해 하였다. 이 때 왜구 3명이 칼을 가지고 와서 우는 연고를 물으니 그가 사실대로 말하자 왜구들도 감동하여 해치지 않아 드디어 3년을 마쳤 다고 전한다.[140]

시묘 다음으로 많은 비중을 차지한 것은 부모의 병구완, 즉 간병(看病) 으로 나타나고 있다. 이와 같이 간병의 효행이 많은 것은 병환 중의 부모를 간호하기 위한 관리들의 급가제(給暇制)와 관련이 있었던 것으로 보인다. 즉 부모에게 질병이나 노환이 있을 경우 관리에게 20일에서 200일 까지의 휴가를 주어 간호하도록 배려했던 것이다.[141]

또한 단지(斷指), 즉 자기의 손가락을 베어 부모의 병을 낫게 한 효자가

---

138. 이희덕, 앞의 논문, pp.62~63.
139. 『신증동국여지승람』권 9, 인천도호부.
140. 앞의 책, 권 22, 양산군.
141. 이희덕, 앞의 논문, p.51.

7명이나 된다. 단지 또는 할지(割指)는 일종의 할육(割肉) 행위인데 전형적인 할육행위는 넓적다리의 살을 베어 먹이는 할고(割股)이다. 이같은 할고 풍습은 당나라 때부터 널리 퍼졌는데, 우리나라에는 이미 신라시대에 전래되어 행해졌다. 즉 향덕(向德)이라는 효자가 어머니의 병을 고치기 위하여 넓적다리의 살을 베어 먹이고 종기를 빨았으며, 성각(聖覺)도 어머니를 간호하면서 다리의 살을 베어 먹였다는 일화가 전해지고 있다.[142] 고려시대에는 광질(狂疾)·악질(惡疾) 등의 난치병을 치료하기 위한 방편으로 할고 풍습이 더욱 심하여지게 되었다. 이와 함께 단지 또는 할지의 행위도 고려시대부터 많이 나타났다.[143]

이러한 병구완의 효행사례를 몇 가지 알아보도록 하겠다. 예안의 효자 황재(黃載)는 개경에서 지인(知印)이라는 벼슬을 하고 있었는데, 꿈에 어머니가 병환이 난 것을 보고 곧 사직하고 하루만에 고향으로 돌아갔다. 어머니가 과연 병환이 있자 목놓아 울면서 간호하였다고 한다.[144] 하현부(河玄夫)의 경우, 90세가 된 어머니가 병이 들자 어머니의 똥을 맛보고 종기를 빨았을 정도로 효성이 지극하였다.[145]

단지의 사례로는, 먼저 송한문(宋漢文)이 미친병에 걸린 어머니를 위하여 오른편 손가락을 끊어서 먹여 병을 낫게 한 것을 들 수 있다.[146] 고산의 현리(縣吏)인 유석진(兪石珍)의 경우 아버지가 악질에 걸려 발작만 하면 숨이 끊어지니 밤낮으로 옆에서 모시고 호읍(號泣)하였다. 사람들이 산사람의 뼈를 피에 타서 마시면 나을 수 있다고 하자 곧 왼손 무명지를 잘라 먹였는데 아버지의 병이 나았다고 한다.[147]

142. 『삼국사기』 권 48, 열전 8, 향덕·성각.
143. 이희덕, 앞의 논문, p.61.
144. 『신증동국여지승람』 권 25, 예안현.
145. 앞의 책, 권 30, 진주목.
146. 앞의 책, 권 32, 칠원현.

세 번째로 많이 나타나고 있는 효행의 유형으로는 위험으로 부터의 부모 구출이다. 구체적으로는 왜구의 침입시 부모를 구하고 목숨을 잃은 경우 등을 들 수 있다. 그러한 사례를 하나만 제시하면, 우왕 8년(1382)에 왜구 수천 명이 쳐들어오자 영천의 효자 문재도(文載道)는 아버지를 업고 산골에 들어가 숨었는데, 왜구가 그들을 찾아내어 아버지를 쏘아 맞히자 그가 화살촉을 뽑고 칼을 휘둘러 왜구를 베어 굴복시킴으로써 아버지를 구하였다고 한다.[148]

마지막으로 들 수 있는 효행의 행적은 부모에 대한 극진한 봉양이다. 부모를 극진히 봉양한 예는 이미 신라시대부터 전해지고 있는데, 효녀 지은(知恩)이 어머니를 봉양할 양식이 떨어지자 스스로 부자집에 종으로 팔려가 식량을 구해다 어머니를 봉양하였다는 것이다.[149] 시묘가 부모 사후에 행할 수 있는 효행이라면 봉양은 부모 생전에 할 수 있는 대표적 효도라고 할 수 있다. 고려에서는 부모의 병환 중에만이 아니라 평상시에도 봉양을 위한 휴가제도를 마련해 놓고 있었다. 즉 정성급가(定省給暇)라 하여 문무관의 부모가 300리 이상 떨어져 살고 있을 경우 3년에 한번씩 30일의 휴가를 주었던 것이다. 그 밖에도 노부모를 둔 관리나 군역자(軍役者) 등으로 하여금 부모를 봉양할 수 있도록 외임출사(外任出仕)를 면제하는 조처까지 마련되어 있었다.[150]

부모 봉양의 예를 들면, 지중해(池重海)는 왜구가 동네에 침입하자 나이 열 살에 어머니와 함께 도망하여 손으로 마를 캐어 어머니를 봉양하고 밤에 집에 돌아가서 쌀을 가져다가 봉양하기도 하였다.[151] 정승우(鄭承雨)

---

147. 앞의 책, 권 34, 고산현.
148. 앞의 책, 권 25, 영천군.
149. 『삼국사기』 권 48, 열전 8, 효녀 지은.
150. 이희덕, 앞의 논문, pp.46~47.
151. 『신증동국여지승람』 권 14, 단양군.

의 경우는, 왜구에게 잡혀 일본의 비전주(肥前州)로 잡혀 갔는데, 72세 된 어머니가 죽었는지 살았는지 몰라 식사 때마다 고기를 먹지 않았다. 이것을 본 왜구가 그 효성에 감동하여 배에 양식을 실어 돌려보냈다고 한다.[152] 또 차달(車達)은 늙은 어머니를 봉양하였는데 아내가 어머니에게 삼가지 않는다고 쫓아버리기까지 하였다. 그의 두 아우들도 장가들지 않고 함께 어머니를 극진하게 봉양하였다고 전해지고 있다.[153]

(2) 효행자의 성분

먼저 효행자의 거주지를 도별로 보면, 경상도가 가장 많았고, 그 다음은 충청도, 전라도 순으로 이들 하삼도(下三道)에 대부분의 효행자가 집중되어 있는 것으로 나타나고 있다. 하삼도에 효행자가 집중되어 있는 경향은 조선 초기에도 그대로 이어졌다.[154] 효행자의 거주지를 고을별로 보면, 진주가 가장 많았고, 그 다음으로 많은 곳은 대구 · 초계 · 안동 등이었다.

효행자를 성씨별(姓氏別)로 살펴보면, 정(鄭)씨가 가장 많은 수를 차지하고 있으며, 그 다음은 김씨, 이씨, 서(徐)씨가 큰 비중을 점하였다.

효행 당시의 신분 또는 관직은 아전, 지인, 현리 등의 서리(胥吏)가 가장 많은 수를 차지하고 있었다. 그 다음으로는 낭장(郎將), 별장 등 무관이 많았다. 또한 관계에 진출한 효행자들의 최종직은 도관찰사(都觀察使) 및 안렴사, 판사(判事), 부사(府使), 호군(護軍), 소윤(小尹) 등으로 나와 있다. 따라서 효행 당시 또는 그 후의 신분 · 관직을 종합해 보면, 문 · 무의 관리가 가장 많았고, 그 다음은 서리가 다수였다.

---

152. 앞의 책, 권 22, 양산군.
153. 앞의 책, 권 34, 고산현.
154. 저자, 『조선시대 천거제도연구』, 초록배, 1996, p.49.

⑶ 효행자에 대한 포상

고려왕조에서는 유교윤리 장려를 위하여 효자나 열녀 등에 대한 천거, 포상제도를 시행하였다. 이러한 포상제도는 이미 신라에서부터 행해진 것으로 보인다. 『삼국사기』에 의하면 효자 향덕에게 벼 300곡(斛)과 집 한 채 그리고 구분전(口分田)을 내리고 석비(石碑)를 세우도록 하교했다는 기사가 나오고 있다. 또한 효자 성각에게도 향덕의 고사(故事)에 의거하여 가까운 고을의 조(租) 300석을 하사하였다고 한다. 효녀 지은에게는 국왕이 벼 500석, 집 한 채를 하사하고 다시 부역을 면제해 주었다고 전해진다.[155] 이처럼 신라에서는 효행자들에게 곡식이나 집을 내리고 부역을 면제하는 포상을 베풀었던 것이다.

고려시대의 효행자에 대한 포상은 지방관으로 하여금 효행자를 천거토록 하여 일정한 포상을 하거나 또는 국왕의 지방 순행시에 특사(特賜)의 형식으로 내리는 것이 정례적인 경우였다. 그밖에 이례적인 방식으로는 천재지변, 즉 지진, 혜성의 출현, 기후의 난조 등에 대한 소재(消災)의 방편으로 행하는 포상이 있었다.

포상에는 정려(旌閭), 사물(賜物), 상직(賞職) 또는 수관(授官), 복호(復戶), 신분상승 등 여러 가지 특전이 있었다. 이러한 효행자에 대한 포상제도는 효사상을 보급하기 위한 목적을 지니고 있었지만 국왕의 덕치주의를 실현하는 덕정(德政)의 일환으로 실시되기도 하였다.[156]

고려시대의 포상사례가 문헌상에 처음으로 나타나는 것은 성종 8년 (989) 9월의 일이다. 당시에 혜성이 나타나자, 재이(災異)를 국왕의 덕치로 물리치기 위한 방편으로 죄수를 사면하고 노약자 등을 구휼하는 동시에 효자, 열녀의 조세를 감면토록 하였다.[157]

---

155. 『삼국사기』권 48, 열전 8, 향덕 · 성각 · 효녀 지은.
156. 이희덕, 앞의 논문, p.64.

그 다음 해인 성종 9년(990) 9월에도 전국으로부터 천거된 효행자들에 대하여 대대적인 포상이 베풀어졌다. 이 때의 포상내용을 보면, 함부(咸富) 등 남녀 7명에게 정려와 역(役) 면제, 차달(車達) 형제 등 4명에게 역도면출 (驛島免出)과 주현편입, 순흥(順興) 등 5명에게 관계(官階) 제수의 포상이 이루어졌다. 또한 조영(趙英)에게는 품계를 10등급 뛰어 은청광록대부(銀 靑光祿大夫)를 제수하면서 공복(公服) 한 벌, 은 30량, 채단(綵緞) 20필을 함께 하사하였다.[158] 이처럼 고려 초기인 성종 때에 이미 효행자에 대한 정 려·상직·상물·복호가 실시되었던 것이다. 이 때에 실시된 효행자 포상 은 그 후 고려사회에 있어서 하나의 전형(典型)을 이루게 되었다.[159]

성종 이후에도 효행자에 대한 포상이 계속되었는데, 『고려사』 열전에 기재되어 있는 포상사례를 몇 가지 살펴보겠다. 먼저, 조간(趙簡)은 충렬왕 때 과거에 장원으로 급제하여 정6품직에 있었는데, 아버지가 사망하자 여 막을 짓고 상제 노릇을 3년 간 계속하였다. 이에 왕이 그의 효행을 칭찬하 여 특례로 종5품인 기거주(起居注)의 벼슬을 주었다고 한다. 이것은 상직의 사례로서 관직을 승진시켜 준 경우에 속한다.[160]

다음으로 효자의 마을을 표창하는 정려의 예를 들면, 충선왕 때 전리판 서(典理判書)를 지낸 김광재(金光載)는 공민왕이 즉위하자 12년간 세상에 나오지 않고 밤낮으로 부모 봉양하는 예절을 다하였으며, 어머니가 사망한 뒤에도 산소 옆 여막에서 3년 상을 마쳤다. 그 후에도 제사 때마다 눈물을 흘리기를 마지않았다. 왕이 그 소문을 듣고 가상히 여겨 만나 보고자 하매 김광재는 병든 몸으로 부축을 받아 궁중에 들어가서 왕을 뵈었다. 그 후 왕 은 그가 거주하는 곳을 표창하여 효자리라 부르게 하였다.[161] 고려 말의 충

---

157. 『고려사절요』 권 2, 성종 8년 9월.
158. 『고려사』 세가 3, 성종 9년 9월.
159. 이희덕, 앞의 논문, p.65.
160. 『고려사』 권 106, 열전 19, 조간.

신 정몽주(鄭夢周)는 당시 사대부들이 모두 초상난 후 100일만 되면 부모상
을 벗었는데, 그 만이 홀로 여묘하고 애도와 예절이 모두 극진하였으므로
그의 마을을 표창하였다고 한다.[162]

한편 『신증동국여지승람』에 기재되어 있는 고려시대의 효행자들은 전
체 64명의 3분의 2 가량이 포상을 받은 것으로 나타나고 있다. 이들이 받은
포상은 정문 또는 정려가 가장 많았고, 그 다음이 정문과 입비(立碑), 정문
과 복호, 상직, 그리고 복호의 순이었다. 따라서 효행으로 천거된 자들 중
절반이 넘는 인원이 포상을 받았으며, 그 대부분이 정려되었고, 극히 적은
인원이 상직이나 복호(대부분 조세면제 또는 면역)를 받았다고 하겠다. 또
한 효행자에 대한 포상은 고려후기에 집중적으로 이루어졌다.

2) 열녀에 대한 천거, 포상

(1) 열녀의 행적

『신증동국여지승람』에 수록되어 있는 고려시대 열녀의 수는 모두 27명
이다. 이 열녀들의 행적은 수절·남편구출·남편 사후 시묘, 그리고 전(奠)
또는 제묘(祭墓)의 4가지 유형으로 구분할 수 있다. 이 가운데 수절이 가장
많아 열녀의 거의 대부분이 남편에 대한 절개를 지킨 까닭에 열녀의 칭호와
포상을 받았던 것으로 보인다. 수절의 대부분은 고려말기 왜구의 침입시
왜구의 겁탈에 몸을 더럽히지 않기 위하여 끝까지 저항하다 죽음에 이른 경
우였다. 그러한 예를 몇 가지 들면, 먼저 우왕 3년(1377)에 왜구가 강화에
침입하여 사람을 죽이고 노략질을 멋대로 할 때, 삼녀(三女)는 왜구를 만나
서 더러운 욕을 당하지 않으려고 왜구를 끌어안고 강에 빠져 죽었다고 한

---

161. 『고려사』권 110, 열전 23, 김태현.
162. 『고려사』권 117, 열전 30, 정몽주.

다.[163] 또한 같은 왕 5년(1379)에 왜구가 진주에 침입하였을 때 호장 정만(鄭滿)의 처 최씨가 네 아들을 안고 산속에 숨었다. 왜구가 자색(姿色)이 뛰어난 최씨를 만나 칼을 들이대고 협박하자 그녀는 나무를 안고 항거하며 소리 질러 꾸짖기를, "나는 죽을 뿐이다. 도적에게 더럽힘을 받고 살기보다는 차라리 의롭게 죽겠다."라고 하였다. 이에 왜구는 그녀를 나무 밑에서 죽였다.[164] 이처럼 고려 말의 여인들은 왜구에게 겁탈당하지 않으려고 항거하다 죽음을 당하여 열녀로 정표된 경우가 많았다.

그밖에 남편을 위해 끝까지 수절하다가 정표된 예의 하나로는 정의현의 정씨의 행적을 들 수 있다. 그녀는 젊고 얼굴이 아름다웠는데, 남편이 난을 당하여 죽은 후 안무사(按撫使)의 군관(軍官)이 강제로 장가들려 하자 그녀가 죽기로 맹세하여 칼을 끌어다 스스로 목을 찌르려 하여 장가들지 못하였다. 정씨는 그 후 늙도록 시집가지 않아 정려되었다.[165]

그 다음 유형으로는 호랑이 등의 위험으로부터 남편을 구한 것을 지적할 수 있다. 그 구체적인 사례를 살펴보면, 안동에 살던 김씨의 남편 유천계(兪天桂)가 수자리의 차례가 되어 남편은 밖에 나가서 자고 아내는 방에 들어가 식량을 준비하고 있을 때 호랑이가 남편을 물어갔다. 김씨가 나무 활을 잡고 소리쳐 부르짖으며 앞으로 달려들어 왼손으로는 남편을 잡고 오른손으로는 호랑이를 치면서 60보를 쫓아가니 호랑이가 남편을 버리고 도망갔다. 김씨가 남편을 업고 집에 돌아오니 남편이 새벽 무렵에 살아났다는 것이다.[166] 또한 권금(權金)이 밤에 호랑이에게 잡히자 장정 7, 8명이 감히 구해내지 못하였는데, 권금의 아내가 남편의 허리를 안고 문지방에 기대어 큰 소리로 부르짖으니 호랑이가 남편을 버리고 도망갔다고 한다.[167] 이와

163. 『신증동국여지승람』 권 12, 강화도호부.
164. 앞의 책, 권 30, 진주목.
165. 앞의 책, 권 38, 정의현.
166. 앞의 책, 권 24, 안동대도호부.

같이 고려의 열녀들은 죽음을 무릅쓰고 호랑이로부터 남편을 구해내기도
했던 것이다.

　남편이 죽은 후 시묘살이를 한 사례는 두 가지가 나오고 있다. 대흥의
곽씨는 19세에 박근(朴根)에게 시집갔는데 23세 때 남편이 죽었다. 곽씨는
3년간 시묘를 살고는 친정으로 돌아가지 않고 시부모를 효성껏 받들면서
평생을 마쳤다.[168] 성주의 나씨는 집현전 직제학 배윤(裵閏)의 아내인데, 남
편이 죽자 나이가 젊은데도 머리를 깎고 3년 동안 무덤을 지켰다고 한다.
또한 그녀는 상례와 장례를 한결같이 가례(家禮)를 좇고 불교의식을 쓰지
않았다고 전해진다.[169]

　남편 사후 전 또는 제묘의 사례를 보면, 문성기(文成己)의 아내 이씨는
남편이 왜란 때 죽자 그의 형상을 그려 놓고 조석으로 전을 드리면서 평생
을 마쳤다.[170] 또한 김계전(金繼佃)의 처 민의 경우, 남편이 일찍 죽자 비나
눈이 와도 친히 제묘를 지내고 나서야 식사를 하였다고 한다.[171]

　앞에서 살펴본 것처럼 고려의 여인들은 왜구의 겁탈을 죽음으로 막아
절개를 지키거나, 남편이 죽은 후 결혼하지 않고 수절하기도 하고, 호랑이
로부터 남편을 구해내는 등의 행실로 열녀의 칭호를 받았던 것이다.

⑵ 열녀의 성분

　열녀들의 거주지는 충청 · 경상 · 전라의 하삼도에 집중되어 있어서 효
자의 경우와 마찬가지로 이들 지역에 대부분의 열녀가 분포되어 있었음을
알 수 있다. 이를 다시 고을별로 보면, 은진 · 영산 · 성주 · 정읍 · 광산에서

---

167. 앞의 책, 권 47, 회양도호부.
168. 앞의 책, 권 20, 대흥현.
169. 앞의 책, 권 28, 성주목.
170. 앞의 책, 권 18, 은진현.
171. 위와 같은 조.

다수의 열녀를 배출한 것으로 나타났다.

열녀들을 성씨별로 살펴보면, 이씨가 가장 많았고, 그 다음은 김씨, 신 (辛)씨와 최씨가 다수를 점하고 있었다. 그리고 고려시대의 열녀 남편들의 신분 역시 사족(士族)이 가장 큰 비중을 차지하고 있었음을 알 수 있다.

⑶ 열녀에 대한 포상

고려시대에는 효자와 마찬가지로 열녀에 대해서도 정려·상물·복호 등으로 포상하도록 되어 있었다. 열녀에 대한 포상 사례를 『신증동국여지 승람』을 중심으로 살펴보면, 정문 또는 정려가 가장 많았고, 그 다음은 정려 와 입비, 정려와 복호, 그리고 입비 등이었다. 따라서 포상을 받은 열녀의 대부분이 정려의 특전을 부여받았다고 할 수 있다. 효자와 다른 점은 상직 을 받지 않았다는 점이다.

4. 맺음말

우리나라에서 유교윤리 장려정책의 일환으로 효행자천거제가 펼쳐지 기 시작한 것은 유교사상이 처음 도입된 삼국시대 초기부터였다. 이미 고 구려 태조왕 66년(118)에 효자·순손을 천거토록 했던 것이다. 고려왕조에 서도 개국 직후부터 유교윤리의 보급·장려책이 실시되었는데, 이것이 본 격적으로 이루어진 것은 성종 때 이후부터였다. 성종은 지방 12목에 경학 박사를 파견하여 유교사상을 보급하는 동시에 효도와 우애가 뛰어난 자 등 을 천거·포상함으로써 유교윤리의 장려를 꾀하였다. 그 후 고려 말기까지 지속적으로 효자·열녀 등에 대한 천거, 포상이 계속 이루어졌다.

고려시대 효행자들의 행적은 크게 4가지 유형으로 나누어 살펴볼 수 있 다. 즉 부모 사후의 시묘가 절반 가량으로 가장 많은 비중을 차지했고, 그 다음은 부모의 병구완, 위험으로 부터의 부모구출, 그리고 극진한 부모봉양 으로 나타났다. 효행자의 성분(成分)을 보면, 먼저 거주지는 경상도가 가장 많았고, 그 다음으로는 충청도, 전라도 순이었다. 이들 하삼도에 효행자의 거의 대부분이 집중되어 있었다. 효행자의 성씨는 정씨, 김씨, 이씨, 서씨 등의 순으로 나타났다. 그들의 신분이나 관직을 보면, 사족이나 양인 등의 무직자가 가장 많았으나, 문·무관의 유직자나 아전·향리·역리(驛吏)와 같은 서리도 상당수를 이루고 있었다. 천거를 받은 효행자들은 전체의 절반 이상이 각종 포상을 받았는데, 포상을 받은 자들의 과반수 정도가 정문 또는 정려의 은전을 받았다. 그 밖에는 정문과 복호, 정문과 입비, 상직 등의 포상이 내려진 것으로 밝혀졌다.

한편 고려시대 열녀들의 행적은 말기에 왜구의 겁탈을 피해 절개를 지키다 목숨을 잃은 경우가 가장 많았고, 그 다음은 위기에서의 남편구출, 남편 사후의 시묘 등으로 나타나고 있다. 그녀들의 거주지를 보면 효자와 마찬가지로 충청·경상·전라의 하삼도에 대부분이 분포되어 있었다. 성씨별로는 이씨, 김씨, 신(辛), 최씨 등이 다수를 차지하였다. 열녀들의 남편은 대체로 관리·생원·진사 등의 사족신분을 지니고 있었던 것으로 보인다. 그녀들에게 내려진 포상은 정문 내지 정려가 가장 큰 비중을 차지하였지만, 그 외에 입비와 복호가 베풀어지기도 하였다.

이와 같은 효행자천거제의 시행으로 말미암아 유교적 윤리사상이 광범위하게 전파될 수 있는 하나의 계기가 마련되었으며, 고려의 효행자천거제가 조선왕조로 계승되었다는 점에서 역사적 의의를 찾을 수 있으리라 생각된다.

보거제

1. 머리말

보거(保擧)는 보증천거(保證薦擧)의 줄임말로서, 천거를 담당한 거주(擧主)가 부적합한 자를 천거하거나, 피천자(被薦者)가 관리로 임용된 후 근무성적이 좋지 않고 부정행위 등을 저질러 해를 끼쳤을 경우 거주를 연대처벌하는 제도였다. 다시 말하면 피천자가 천거를 받고 임용된 후에도 피천자의 행위에 대하여 거주가 책임을 지도록 한 제도이다. 따라서 보거는 천거의 공정성과 객관성을 확보하기 위하여 마련된 장치라고 할 수 있다.

천거제의 기원은 중국의 주(周)나라까지로 거슬러 올라가지만, 거주의 연대책임을 강조한 보거제는 송(宋)나라에 이르러 확고하게 정립되었다. 송나라는 황제의 절대 지배권을 강화하기 위한 방편으로 문신 관료는 물론, 무관과 지방관의 승진 임용 등에 보거를 엄격하게 적용하였던 것이다. 송의 보거제는 고려로 전해져서 주로 현직 관리의 승진 임용에 활용되었다.

조선왕조에서는 고려의 제도를 계승하여 개국 직후부터 보거제를 확립하여 시행하고자 하였다. 그리하여 현직관리는 3년마다 행하여진 이른바 식년보거(式年保擧)에 의하여 승진 내지 전임(轉任)토록 하였다. 특히 수령(守令)의 임용에 대한 중요성이 강조됨에 따라 수령후보자에 대한 보거도 전시대에 비하여 강화되었다. 조선시대의 보거제는 현직관리만이 아니라 관직을 갖고 있지 않은 무직자에게도 적용하도록 규정되어 있었지만, 송이나 고려와 마찬가지로 보거는 주로 현직관리의 임용에 활용되었다.

이러한 보거제의 이해는 조선시대 양반관료사회의 이해에 중요한 시사점을 던져줄 수 있으리라 믿는다. 그럼에도 불구하고 종래 이 방면에 대한 연구자들의 관심은 거의 기우려지지 않았다. 따라서 이 장에서는 조선시대의 보거제에 대한 인식의 폭을 넓히고자 하는 의도 아래 조선 전기 보거제의 성립과정에 대하여 살펴보려고 한다.

2. 보거제의 연원

1) 송대의 보임제(保任制)

송나라의 보거제는 주로 보임제(保任制)라고 불리워졌는데, 보임은 곧 보거라는 뜻을 지니고 있었다.[172] 송대의 보임제는 상관이 자기 부하를 보증천거하는 방법과, 중앙의 고관이 황제의 특조(特詔)를 받들어 보증천거하는 방법으로 나뉘어졌다. 이러한 보임제는 관료의 승진, 특히 문신 관료의 승진과 직접적인 관계를 맺고 있었다. 일단 관리가 된 자는 그 누구를 막론하고 보임을 거치지 않고는 승진을 할 수 없었으므로 관리의 승진과 보임은 불가분의 관계였다.

송대의 보임제는 관료체제를 횡적으로 연결하여 관료 상호간의 인적 유대를 공고히 하고, 종적으로는 황제를 정점으로 한 관료체제를 지탱하는 구실을 하였다. 즉, 보임제를 통하여 천거를 하는 거주와 천거를 받는 피천자와의 사이에 끈끈한 인간관계가 형성되고, 이를 기반으로 하여 관료사회의 주종관계가 뚜렷하게 형성되었다. 또한 보임제는 황제의 독재권을 강화

---

172. 진장굉, 『중국역대인사제도술론』, 대북, 1981, p.54.

하는 데 중요한 역할을 하였다. 황제가 특조의 형식을 빌어 고관으로 하여 금 유능한 관료를 보거토록 하는 것은 피천자에 대한 황제권의 강한 영향력 과 은사(恩賜)의 뜻을 지니며, 거주에 대해서도 황제가 직접 인사권을 행사 하는 셈이 되었다. 그러므로 황제는 보임을 위한 특별조령을 통하여 관리 를 임의로 기용하고, 천거와 피천을 이용하여 황제의 독재권을 관료사회의 내부 깊숙이 침투시켰던 것이다. 또한 송대의 보임제는 연대보증적인 성격 이 뚜렷하고 강하였다는 특징을 지니고 있었다.[173]

송대의 보임제는 건국 직후부터 실시되었다. 즉, 태조 건륭(建隆) 3년 (962)에 다음과 같은 조칙(詔勅)을 내려 천거를 명하였던 것이다.

상참관(常參官) 및 한림학사들은 막직(幕職)과 영록관(令錄官)을 감당할만한 자를 각기 1명씩 천거토록 하라.[174]

이러한 조칙을 통하여 상참관과 한림학사들로 하여금 막직과 영록관에 임용할 자들을 천거하도록 명하였다. 이와 같이 국초부터 시작된 송대의 보임제는 처음부터 거주를 연대처벌토록 함으로써 보거제의 성격을 명확 히 하였다. 즉, 당시에 내려진 또 다른 조칙을 보면, 상참관과 한림학사 등 으로 하여금 각기 1명씩을 천거토록 하면서 반드시 거주의 성명을 열기(列 記)하여, 피천자가 직무를 공정하게 수행치 못할 경우 경중(輕重)을 헤아려 거주를 처벌하도록 하였던 것이다.[175]

태조 때에는 이후에도 여러 차례 천거조칙이 내려졌는데, 당시 보임제 의 특징을 보면, 거주의 자격을 중앙은 한림학사 · 상참관 · 근신(近臣), 지 방은 제도(諸道)의 절도사 · 관찰사 · 단련사(團練使)로 국한하였다. 그리

---

173. 신채식, 『송대관료제연구』, 삼영사, 1981, pp.222~225.
174. 『송사』권 160, 선거지 6, 보임.
175. 『송회요집고』117책, 선거 27, 거관.

고 피천인은 중앙관이나 지방관 중 승조관(昇朝官)으로 임용할 수 있는 자, 관직이 없는 유능자나 현관(現官) 중 주현의 막직의 임무를 수행할 수 있는 자로 되어 있었다. 또한 당시 보임제의 특징은 철저한 연좌제의 성격을 지니고 있었다는 사실이다. 이는 황제의 독재권을 강화하기 위한 수단으로 보임제가 운영되었음을 보여주고 있다. 태조 때의 이와 같은 보임제의 정신은 말기까지도 그대로 계승되어 나아갔다.

태종 때에는 문신관료체제의 기반이 확립됨에 따라 보임에 의한 관료의 승진로가 궤도를 잡게 되었으며, 진종 때에는 보임제를 효과적으로 운영하기 위한 제도적인 장치로서 관료의 천거에 있어서 가장 기본이 되는 관료의 자세를 규정한 관잠(官箴)을 제정하였다. 이처럼 국초에는 보임제가 인재등용과 승진에 효과적으로 이용되었으나, 인종 때에 접어들면서 피천자의 수가 많아지고 천거가 정실에 흐르는 등의 폐단이 발생함에 따라 보임제가 일시 혁파되기도 하였다.[176]

그리하여 신종 때에는 보임제에 대한 개혁이 단행되어, 사마광(司馬光)의 건의에 따라 이른바 십과거사제(十科擧士制)가 실시되기에 이르렀다. 십과거사제는 관료들이 매년 10과 내에서 3명을 천거하고, 피천자의 명단을 중서성(中書省)에 설치된 명부에 기입해 두었다가 인재가 필요할 때 간단한 시험을 치른 뒤 적재적소에 배치토록한 제도이다.[177] 이러한 십과거사제는 실시된 지 8년 만에 중지되었으나, 그 후에도 보임제는 계속 시행되어 인재등용에 큰 역할을 담당하였다.[178]

---

176. 신채식, 앞의 책, 1981, pp.225~236.
177. 『송사』권 160, 선거지 6, 보임.
178. 북송시대 전체의 관료 895명 가운데 천거에 의하여 승진된 자는 30% 정도인 191명에 달하였다고 한다.(신채식, 앞의 책, pp.256)

2) 고려의 보거제

고려의 천거제는 성종 6년(987) 8월에 내려진 교령에 의하여 천거가 항
식화(恒式化)하게 됨으로써 성립되었다. 천거의 제도화는 무엇보다 유교의
정치이념화와 그에 따른 유교윤리의 보급·장려와 깊은 관련이 있었다. 성
종은 이와 같이 천거제를 마련한 이후 그것의 시행을 당부하는 교령을 지속
적으로 하달하였다.

성종에 이어서 즉위한 목종은 전국에 재주와 학문이 뛰어난 자를 해마
다 천거하도록 지시한 바 있다. 이에 따라 천거는 매년 정기적으로 실시하
는 항규(恒規)로 정착되었다. 그 후 목종 9년(1006)에는 백성을 다스릴만한
자를 천거토록 하면서 천거한 바가 적당한가 아닌가를 보아서 상벌을 내리
도록 하교함으로써 객관적이고 공정한 천거를 지향코자 한 거주연좌제 또
는 죄급거주지법(罪及擧主之法)을 새로이 도입하였다. 그리하여 성종 때에
시작된 천거의 제도화 작업은 목종 때에 이르러 일단 마무리되어 중앙과 지
방의 고관들이 매년 정기적으로 인재를 천거하되, 잘못 천거할 경우 거주를
처벌하도록 규정하게 되었다. 목종 때에 이르러 고려의 천거제는 보거제로
서의 성격을 확고히 하게 되었던 것이다. 목종 이후의 역대 국왕들도 천거
교령을 계속 하달하여 천거를 독려하면서 천거제 내지 보거제의 문제점 등
을 시정 내지 보완하는 작업을 추진해 나갔다.

보거제가 본격적으로 시행되기 시작한 시기는 예종 때부터이다. 그러
나 전기에는 천거가 그리 활발히 이루어지지는 못하였고, 무신란 이후에야
활성화되었다. 피천자의 대부분이 후기에 집중되어 있는 사실이 이를 말해
준다. 특히 최씨집권기에 피천자가 다수 배출되어 최충헌(崔忠獻)·최우
(崔瑀) 등의 집권자들이 보거를 권력 안정과 강화의 방편으로 활용하였음
을 보여주고 있다. 말기인 우왕(禑王) 때부터는 이성계(李成桂) 일파가 정
권을 장악한 후 자파세력인 신흥사대부의 진출을 위해 보거제를 적극적으
로 운용한 결과 다수의 피천자가 나오게 되었다. 이와 같이 집권자들의 정

치적 의도에 따라 보거제의 시행이 좌우된 것이다.

보거제는 재덕(才德)을 갖춘 현량한 인재를 발탁하여 적재적소에 배치하려는데 그 의의가 있었다. 따라서 보거제 본래의 취지를 살리려면 거주들이 사심(私心)을 버리고 공정하게 적임자를 천거하는 것이 무엇보다 필요하였다. 즉, 자기 파당(派黨)의 무리나 가족·친지 등을 배제하고 능력있는 인재에 대한 천거가 이루어질 때 천거의 실효를 거둘 수 있었다. 그러나 공정한 천거를 지향한 위와 같은 노력에도 불구하고 사정(私情)에 따른 천거가 보다 빈번하게 이루어짐으로써 그 본래의 취지를 벗어나 많은 폐단을 야기한 것이 고려시대 천거제의 실상이었다. 그 같은 상황은 이미 고려전기부터 나타나기 시작하였으나, 천거의 문란상이 더욱 두드러지게 나타나기 시작한 것은 무신난 이후부터였다. 무인이 집권하면서 국정 전반에 혼란과 부패가 가중되는 가운데, 천거제도 예외는 아니었다.

고려에서는 천거제의 이러한 폐단을 시정하기 위하여 다양한 노력을 기울였는데, 그 방안의 하나로 채택된 것이 바로 거주연좌제였다. 고려시대에는 천거를 명하는 국왕의 교령을 내리면서 이와 동시에 천거가 잘못되었을 경우 거주를 처벌하도록 지시하였다. 이에 따라 고려의 천거제는 보거적 성격을 강하게 지니게 되었던 것이다.

3. 보거제의 성립

1) 식년보거제

앞에서 살펴본 것처럼 보거제의 연원은 송나라의 보임제에 있었으며, 고려에서도 보거제를 활발히 시행하였다. 조선왕조에서는 고려의 제도를 이어받고 중국의 제도를 참작하여 건국 직후부터 보거제를 시행하였다.

조선시대의 보거제의 하나는 식년(式年)마다 실시된 이른바 식년보거제였다. 식년보거제는 인재를 제대로 알 수 없는 이조(吏曹)의 한계를 극복

하고 현명하면서도 유능한 인물을 승진 또는 입사시키기 위한 목적 아래 개
국 직후부터 이미 법제화되어 있었다. 즉, 태조 6년에 편찬된 『경제육전』(經
濟六典)에 다음과 같이 식년보거제의 규정이 처음으로 명시되었던 것이다.

> 문반(文班) 6품과 무반(武班) 4품 이상의 관리는 3년마다 한 차례씩 시임(時任)과
> 산직(散職)을 불구하고 원전(元典) 과목(科目)의 예에 따라 매과마다 한 사람씩을
> 천거하되, 만일 사정에 따라 잘못 천거하여 탐오(貪汚)한 짓으로 정사(政事)를 어
> 지럽혀 백성에게 해가 미치게 한 자가 있으면 율(律)에 따라 죄를 매겨서 용서하지
> 않는다.[179]

이와 같은 식년보거의 규정은 약간의 변경을 거친 끝에 『경국대전』 이전
(吏典) 천거조에 다음과 같이 명시됨으로써 제도적인 완비를 보게 되었다.

> 중앙과 지방의 문반과 무반 3품 이상의 관리는 3년마다 정월에 각각 3품에서 무직
> 까지의 인재를 천거한다. 천거받은 사람이 만약 장오(贓汚)와 패상(敗常)의 죄를
> 범하면 천거한 자도 같이 책임을 진다.[180]

그러면 『경제육전』과 『경국대전』의 규정을 중심으로 식년보거제의 성
립과 그 시행상황 등을 좀더 구체적으로 검토해 보기로 하겠다. 먼저, 천거
시기와 천거 인원에 대하여 살펴보면, 『경제육전』에 의하면 식년보거는 3
년마다 한번씩 실시하도록 되어 있었다. 여기에서 3년마다 실시한다는 것
은 식년에만 실시한다는 뜻으로 해석된다. 이러한 천거 시기는 『경국대전』
에 좀 더 구체적으로 명시되었다. 즉, 식년의 정월마다 천거하도록 규정되
었던 것이다.

179. 『세종실록』권 80, 20년 2월 기미.
180. 『경국대전』권 1, 이전 천거.

그런데『경제육전』에 의하면 문반 6품, 무반 4품 이상의 관리들이 3년마다 매과 각 1명씩을 천거토록 되어 있었다. 여기에서 매과란 7과를 가리키는 것으로 각 거주들이 3년마다 7명씩을 천거할 수 있었던 것이다. 따라서 남거(濫擧)의 폐단이 지적될 정도로 피천자의 수가 매우 많았던 것이다. 이러한 남거의 폐단을 시정키 위하여『경국대전』에는 거주의 범위가 문 · 무반 3품 이상의 관리로 축소되고 천거 인원도 각 거주마다 3명씩으로 감소되기에 이르렀다.

한편『경제육전』에는 피천자의 천목(薦目)에 대하여 구체적 언급은 없지만 매과마다 각기 1명씩을 천거하도록 규정되어 있었다. 여기에서 매과란 경학에 밝고, 시무(時務)에 능통한 것 등의 7과를 가리킨다.[181]

또한 피천자의 품계를 보면,『경제육전』에는 피천자의 품계가 명확히 규정되지 않았지만, 태종 4년의 수교(受敎)에서는 시산(時散)과 친구(親舊)를 막론한 7품 이상의 인재로 규정되었다.[182] 그 후 세조 때에는 피천자의 품계를 참상관(參上官)과 참외관(參外官, 참하관)으로 나누어 각 거주들이 참상관 3명, 참외관 1명씩을 천거토록 하였다.[183]

이러한 피천자의 품계가『경국대전』에서는 다시 3품 이하의 관리로부터 무직자까지로 정비되었다. 이러한 피천자의 품계를 볼 때 식년보거제를 통하여 초기에는 7품 이상의 관리들을 천거케 하였으나, 그 후에는 7품 이하의 관리까지로 피천거의 대상이 확대되었고,『경국대전』에서는 무직자까지로 피천거의 범위가 다시 확대되었음을 알 수 있다. 결국 식년보거제는 초기에는 주로 현직관리들의 승진 또는 전보를 목적으로 시행되었으나, 차츰 무직자들의 초입사(初入仕)에까지 그 기능이 확대되었다고 하겠다.

---

181. 『태종실록』권 16, 8년 11월 경신.
182. 『태종실록』권 23, 12년 정월 신해.
183. 『세조실록』권 46, 14년 5월 병술.

한편 거주는, 『경제육전』에 의하면 식년보거의 거주가 문반 6품, 무반 4
품 이상의 관리로 규정되어 있었다. 이렇게 거주의 범위가 넓었으므로 거
주의 수도 상당히 많았으리라 생각된다. 그러나 실제 시행에 있어서는 이
러한 규정이 제대로 지켜지지 않아 거주의 범위가 확대되는 경우도 있었
다. 다음의 기사는 이러한 현상을 잘 설명해 주고 있다.

보거의 법은 문반 6품, 무반 4품 이상이 각각 참상관 3명과 참하관 1명을 천거하는
것인데도, 지금 계하(啓下)한 보거의 차자(箚子)에서는 안으로는 문·무관, 밖으로
는 종친과 각 품의 전직관리들도 모두 보거토록 하였고, 또 정원 외로 천거토록 한
자도 있어 실로 외람됩니다.[184]

이와 같이 거주의 범위가 넓었으므로 천거가 자연히 남거로 흐르지 않
을 수 없었다. 이에 예종 원년에는 이조 판서 홍응(洪應)이 2품 이상의 고관
으로 거주를 제한하자고 건의했으나 채택되지 않았다. 홍응의 이러한 건의
에 대하여 원상(院相)들은 잘못 천거할 경우 거주를 규찰, 치죄(治罪)하면
될 것이라고 주장하였다. 국왕도 재상의 천거가 반드시 현명한 것은 아니
며, 하급관리의 천거가 반드시 현명치 못한 것은 아니라고 하면서 거부의
뜻을 표하였다.[185]

그러나 그 후 『경국대전』 상에는 결국 동·서반 3품 이상으로 거주의
범위가 축소되기에 이르렀다. 거주의 범위가 이렇게 축소된 것은 천거의
부정(不精)과 남거를 막기 위해서 거주의 범위를 축소시켜야 한다는 홍응
등의 건의가 반영된 결과라고 하겠다.

또한 『경국대전』 천거조에 의하면 일찍이 시재(試才)를 거쳤거나 6품
이상의 현관(顯官)을 지낸 자를 제외한 모든 피천자는 사서 중 1서와 오경

184. 『세조실록』 권 46, 14년 5월 병술.
185. 『예종실록』 권 6, 원년 6월 무자.

중 1경을 자원(自願)에 따라 시험하여 뽑게 되어 있었다. 그리고 이렇게 뽑힌 자들은 이조에서 직품(職品)에 따라 분류, 기록해 두었다가 전주(銓注) 시에 계문(啓聞)하여 제수토록 되어 있었다.[186]

한편 앞에서도 언급하였지만 식년보거제는 현직관리의 승진로와 무직자의 초입사로로서의 역할을 수행하였다. 그리고 조선 초기에는 관리의 승진에 있어서 천거를 거치는 것이 필수적인 절차였다. 또한 식년보거제는 과거제·문음제와 함께 중요한 입사로의 하나였다.

그런데 식년보거제를 통하여 천거된 자들은 재능을 갖춘 인재들보다는 고관이나 권세가의 친척, 또는 청탁의 무리들이 더 많았던 것 같다. 즉, 태종은 보거되는 자들 중 상당수가 세가(世家)의 자제라는 점을 지적한 바 있으며,[187] 세종 때에도 직제학 이계전(李季甸)이 부자·형제·동료끼리 서로 천거하고, 무실(無實)한 자가 천거되어 웃음거리가 되기까지 한다고 하였다.[188]

이처럼 천거가 사정에 따라 불공정하게 이루어지는 경우가 많았으므로 재야에 은거하고 있는 유일들은 식년보거의 혜택을 보기가 매우 어려웠다.

2) 수령보거제

수령(守令)을 보거에 의하여 임용하는 이른바 수령보거제는 송대의 보임제에 그 기원을 두고 있다. 송나라에서 보임제에 의한 지방관 임용을 본격화하기 시작한 것은 국초부터였다. 태종 때에는 분단시대를 극복하면서 유능한 인재를 지방관으로 등용하기 위하여 지방관의 임용을 특별히 중요시하였다. 그리하여 보임제를 통하여 지방관을 등용코자 하였고, 이에 따라

---

186. 『태종실록』권 5, 2년 2월 을해.
187. 『태종실록』권 16, 8년 11월 경신.
188. 『세종실록』권 115, 29년 7월 계사.

태종은 지방관으로서의 능력을 지닌 자를 천거하도록 명하였던 것이다.[189]
보임제에 의한 지방관의 등용은 송나라 말기까지도 계속 이어졌다.

우리나라에서 수령을 천거에 의하여 임용한 것은 삼국시대부터의 일이었지만, 수령천거제의 보거적 성격이 농후하게 나타나기 시작한 때는 고려시대부터라고 할 수 있다. 고려의 수령보거제는 목종 9년(1006)에 현관보거제와 함께 제도적으로 확립되었을 것으로 여겨진다.

조선시대의 수령은 도(道)를 제외한 각 군현(郡縣)에 파견된 수령관(首領官)을 총칭하는 말로서, 부윤(종2품)·대도호부사(정3품)·목사(정3품)·도호부사(종3품)·군수(종4품)·현령(종5품)·현감(종6품)을 의미하였다. 즉, 수령은 관찰사(觀察使) 예하의 지방 수령관을 총칭하는 말이다.[190]

수령은 이른바 근민지직(近民之職)으로서 지방민을 직접 상대해 시정을 펼치는 지방관이었기에 그의 현부(賢否)는 백성들의 일상생활과 직결되어 있었다. 따라서 수령의 임용은 최대한의 신중을 요하는 중대사였다. 특히 건국 초기부터 전국에 수령을 파견하여 강력한 군현제에 의한 통치를 지향한 조선왕조에서는 수령임용의 중요성을 한층 절실히 느끼고 있었다. 수령임용에 대한 이러한 인식은 건국직후 전국에 반포된 태조의 즉위교서에 다음과 같이 반영되었다.

> 수령은 백성과 가까운 직책이므로 중시하지 않을 수 없다. 도평의사사·대간·육조로 하여금 각기 아는 자를 천거토록 하라. 천거된 자가 적임자가 아니면 천거한 자에게 죄를 미치게 하라.[191]

---

189. 『송사』 권 160, 선거지 6, 보임.
190. 이존희, 『조선시대 지방행정제도연구』, 일지사, 1990, pp.128.
191. 『태조실록』 권 1, 원년 7월 정미.

이러한 태조의 지시를 계기로 하여 조선왕조에서는 초기부터 천거를 통하여 적임자를 수령에 발탁하는 수령천거제를 실시케 되었으며, 이의 보완장치로서 거주가 사정에 따라 부적격자를 잘못 천거할 경우 거주를 처벌하는 죄급거주지법(罪及擧主之法), 곧 거주연좌제를 아울러 시행하게 되었다. 천거의 공정성을 확보하기 위하여 채용된 거주연좌제에 의하여 이후 수령천거제는 보거로서의 성격을 강하게 띠게 되었고, 이에 따라 초기에는 수령천거를 수령보거라 부르기도 하였던 것이다.

이처럼 조선왕조에서는 건국 직후부터 적임자를 보거토록 하여 천거된 자들 중에서 수령을 발탁하려 했지만, 천거를 통하여 등용된 자들 중에는 다음과 같이 부적격자가 많았던 것 같다.

> 수령은 군과 민을 겸임하므로 반드시 문과 무를 함께 갖춘 자만이 그 임무를 감당할 수 있다. 내가 즉위한 이후로 매번 천거를 통하여 사람을 썼는데, 그 중에는 직책에 맞지 않는 사람이 많다.[192]

이러한 문제점의 시정을 위하여 태조 2년(1393) 5월에는 도평의사사 등에게 명수에 구애받지 말고 수령후보자를 천거하도록 지시하면서 거주연좌제를 엄격히 적용할 것을 거듭 강조하였다.[193]

이어서 같은 왕 4년(1395) 4월에는 양부(兩府)로 하여금 각기 가선(嘉善, 종2품) 이하 6품 이상의 수령 후보자 10인씩을 천거토록 지시했지만,[194] 천거, 임용된 수령 중에는 문제 있는 자들이 여전히 많았다. 그러자 이듬해 2월 또다시 문·무를 함께 갖춘 자들을 천거토록 함과 동시에 거주연좌제를 더욱 강력히 적용할 것을 당부했던 것이다.[195]

---

192. 『태조실록』 권 3, 2년 5월 갑술.
193. 위와 같은 조.
194. 『태조실록』 권 7, 4년 4월 갑신.

이와 같은 여러 차례의 지시를 통해 표명된 수령보거에 대한 태조의 강력한 의지는 동왕 6년(1397)에 편찬된 『경제육전』에 다음과 같이 명문화되었다.

수령은 … 양부로부터 현관(顯官) 6품의 관리까지로 하여금 각각 아는 자를 천거케 하되, 일찍이 현질(顯秩)을 지낸 명망있는 자와 중앙과 지방에서 두루 벼슬을 하여 성적(聲績)이 우수한 자를 천거토록 하여 제수에 대비토록 한다. 만약 천거된 자가 적합하지 않으면 죄를 거주에게 미치도록 한다.[196]

『경제육전』에는 이처럼 거주의 범위가 의정부·중추부로부터 정직(正職) 6품 이상의 관리로 정해지고, 피천자의 자격은 일찍이 현질(顯秩)을 역임하고 명망이 있는 자와 경외(京外)의 관직을 역임하고 명성·공적이 있는 자로 규정되었으며, 거주연좌도 명시되었다. 이러한 규정에 의해 거주가 피천자의 출신과 내력을 기록하여 올리면, 이것을 도평의사사에서 자세히 고찰한 후 명부에 기록해 두었다가 제수하도록 정하였다. 피천자가 수령에 임명된 후에는 관찰사의 포폄(褒貶) 결과에 의해 출척(黜陟)을 결정하고, 이에 따라 거주를 처벌토록 하였다.[197]

태종 때에도 태조 때와 마찬가지로 수령보거를 계속 중시하였다. 그리하여 같은 왕 원년 6월에 문무겸재자(文武兼才者)를 수령으로 천거하라는 명을 처음으로 내린 이후 여러 번 같은 내용의 지시가 내려졌다. 그러나 보거에도 불구하고 여전히 부적격 수령이 많이 섞여 있었던 것으로 보인다. 태종 4년(1404) 8월에 사간원에서 올린 상소에 의하면,

195. 『태조실록』 권 9, 5년 2월 계축.
196. 『태종실록』 권 3, 2년 6월 경신.
197. 『태조실록』 권 15, 7년 9월 갑신.

2부

근래에 수령은 보거에서 많이 배출되므로 권세가에게 청탁하는 무리나 길거리의 어리석은 무리들이 간혹 서로 섞여 포열(布列)하고 있습니다. 그런데도 감사(監司)가 전최(殿最)를 잘못하여 전(殿)의 첫 번째에 해당되는 자도 견책하였다는 말을 듣지 못했으니, 죄가 거주에게 미치는 법이 땅에 떨어져 행하여지지 못하는 것입니다.[198]

라 하여 수령이 보거로 많이 배출되었지만, 그 중에는 권세가에게 청탁을 넣은 자나 어리석은 무리들이 많아 감사의 포폄이 제대로 이루어지지 않고 있으며, 이에 따라 거주연좌제가 땅에 떨어져 시행되지 못하는 지경에 이르렀음이 지적되고 있다.

지금까지 살펴본 바와 같이 태종 때까지는 수령보거가 부정기적으로 이루어졌으나, 세종초기에 이르러서는 매년 정기적으로 실시하도록 다음과 같이 변경되었다.

문반 6품과 무반 4품 이상의 관리로 하여금 시직(時職)이나 산직(散職)을 불구하고 지모(智謀)와 용력(勇力)이 뛰어나 변방을 지킬 수 있는 자, 공정하고 총명하여 수령이 될만한 자, 사무에 능숙하고 두뇌가 명석하여 번거로운 직책을 감당할 수 있는 자를 3명씩 각각 천거케 하여 임용에 충당하게 하라. 혹시 인재를 알기 어려우면 매과마다 반드시 한 사람씩을 찾아서 구하지 말고 다만 아는 데로 쓸만한 자 3인씩을 천거케 하라. 만약 거주가 사정에 따라 잘못 천거하거나 피천자가 탐오·난정(貪汚亂政)하여 백성에게 해를 끼친 자는 법에 따라 죄를 가하라.[199]

이에 따라 처음으로 거주의 범위가 무반의 경우 4품 이상으로 축소되었고, 천거할 수 있는 피천자의 인원수가 3명으로 확정되었으며, 거주연좌규정이 좀더 정밀화하였다. 이러한 3과 천거의 규정이 항식화(恒式化) 됨으로

---

198. 『태종실록』권 8, 4년 8월 을유.
199. 『세종실록』권 22, 5년 11월 임인.

써 수령보거가 매년 정기적으로 이루어지게 되었다.[200]

이같은 수령보거제는 그 후 『경국대전』 이전(吏典) 천거조에 다음과 같이 규정됨에 따라 제도적 확립을 보게 되었다.

> 매년 정월에 문반 3품 이상과 무반 2품 이상의 관리로 하여금 각각 수령과 만호(萬戶)가 될만한 자를 천거토록 하되, 모두 3인을 넘지 못하도록 한다. 천거를 받고 임용된 자가 장오(贓汚)나 패상의 죄를 범한 경우에는 천거한 자도 함께 연좌된다.[201]

즉, 매년 정월에 문반 3품, 무반 2품 이상의 관원이 각기 수령과 만호 적임자를 3명 이내로 천거하되, 피천자가 장오·패상의 죄를 범할 경우 거주를 처벌하도록 확정되었다. 여기에서는 특히 거주의 범위가 크게 축소되었는데, 이는 천거의 부정과 남거 등을 막기 위한 조처로 풀이된다. 수령보거제가 이렇게 완비되었지만, 그 시행에는 많은 문제점과 폐단이 발생하였다.

이상에서 살펴본 바와 같이 조선왕조에서는 국초부터 수령의 임용을 중시하여 적임자를 천거토록 하는 수령보거제를 제정하고 시행하였지만, 정실과 청탁 등에 의한 불공정 천거로 인하여 소기의 성과를 거두지 못한 채 시간이 경과함에 따라 그 기능이 퇴색되어갔다.

4. 맺음말

천거에 있어서 거주의 연대책임을 강조하는 이른바 보거제가 본격적으로 실시되기 시작한 것은 중국의 송나라 때부터였다. 송대의 보거제는 보

---

200. 『세종실록』 권 24, 6년 5월 정축.
201. 『경국대전』 권 1, 이전 천거.

임제라고 불리워졌는데, 국초인 태조 때부터 시작되어 말기까지 계속 운용
되었다.

　이같은 송대의 보거제는 고려로 이어져, 현직관리와 수령의 임용에 주
로 활용되었다. 고려의 보거제는 다시 조선으로 전해져서 식년보거제와 수
령보거제로 정착되었다. 이러한 조선의 보거제는 현직관리의 승진과 전임
에 있어서 하나의 절차로 기능하였다. 그러나 그 시행상 많은 폐단이 발생
하기도 하였다. 이러한 문제점을 시정키 위하여 송대에 정립된 거주연좌제
를 도입, 시행하였지만, 이것 역시 제대로 운용되지 못하여 천거제가 실효
를 다 거두지 못하는 결과를 낳았다.

거주연좌제

1. 머리말

삼국시대를 거쳐 고려·조선시대까지 천거제도는 관리등용제도의 하나로 기능하였다. 천거제는 덕행이나 재능이 탁월한 인재를 발탁한다는 좋은 취지에도 불구하고, 거주의 사정(私情)이나 주관적 판단 또는 청탁 등에 의하여 천거가 이루어짐으로써 부적격자를 천거하는 등의 폐단이 발생할 가능성이 크다는 문제점을 안고 있었다. 따라서 천거제의 성패 여부는 이러한 한계점을 배제하고 최대한 공정하고 객관적으로 천거하는 데에 달려 있었다. 이같은 목적을 달성키 위해 고안된 것이 바로 거주연좌제이다.

거주가 천거를 잘못했을 경우 거주에게 그 책임을 묻는 제도인 거주연좌제는 중국의 당·송에 그 기원을 두고 있는데, 우리나라에서는 고려시대에 본격적으로 실시되기 시작하여 조선시대까지 이어졌다.

2. 거주연좌제의 배경

1) 송의 거주연좌제

거주연좌제의 흔적은 중국 당나라에서 찾을 수 있지만, 그것이 본격적으로 실시되기 시작한 것은 송나라 때부터라고 할 수 있다. 송대의 강력한 거주연좌제는 보임제, 즉 보거제의 중요한 특징이었다. 송대의 보임제는 관료의 임기가 찼을 때에 승진을 하게 되는 순자(循資)의 경우에 보증을 받아 승진토록 하는 순자보임과, 황제의 특조(特詔)에 의하여 지방장관이나 중앙의 근신이 관료나 독서인을 특천(特薦)하는 특천보임으로 나뉘어졌다. 이 두 가지 보임은 다같이 거주가 피천자에 대한 신원을 보증하지만, 특히 특천보임의 경우 거주가 황제에 대하여 자신이 천거한 인물에 대한 상세한 거장(擧狀)을 올리게 되어 있었으므로, 피천자에 대한 인적 사항을 자세히 파악함은 물론이고, 피천자가 임용된 후에도 모든 책임을 지게 되어 있었다. 즉, 천거한 거장의 내용과 임용된 후의 실적이 맞지 않을 경우에는 거주가 연대책임을 져야 하기 때문에 단순한 천거로 그치는 것이 아니라 피천자에 대한 보증적 성격을 강하게 내포하고 있었다.[202] 송의 거주연좌제는 말기까지 지속되었는데, 이같은 거주연좌제는 고려에 많은 영향을 끼쳤다.

2) 고려의 거주연좌제

천거제는 재주와 덕망을 갖춘 인재를 발탁하여 적소에 배치하려는데 그 의의가 있었다. 따라서 천거제 본래의 취지를 살리려면 거주들이 사심을 버리고 공정하게 적임자를 천거하는 것이 무엇보다 중요하였다. 즉, 자기 파당의 무리나 가족·친지 등을 배제하고 능력있는 인재에 대한 천거가 이루어질 때 천거의 실효를 거둘 수 있었다.

고려시대의 관료들 가운데는 천거제의 정신에 따라 공정한 천거를 실현하려고 애쓴 이들도 있었다. 공민왕 때의 찬성사였던 이공수(李公遂)가 이에 해당된다. 당시 재상들에게 능전직(陵殿直)에 임명할 사람을 천거하

---

202. 신채식, 『송대관료제연구』, pp.224~225.

도록 하자, 다른 재상들은 대부분 자기 친척들을 천거하였으나, 이공수만은 한 사람도 천거하지 않고 말하기를 "나라에서 명령을 내린 것이 어찌 우리들의 친족을 위한 것이겠는가?"라고 했다는 것이다.[203] 또한 우왕 때의 재상 최영(崔瑩)은 반드시 공로가 있고 재능이 있는 자를 선택하여 등용하였고, 천거할 만한 자격이 없는 자는 배척하였다고 한다.[204] 역시 우왕 때의 재상이었던 경복흥(慶復興)도 권신 이인임(李仁任) 등의 방해에도 불구하고 어진 이를 천거하고 뇌물로 청탁하는 자들을 억제하려고 노력한 것으로 알려지고 있다.[205]

그러나 공정한 천거를 지향한 이들의 노력에도 불구하고 사정에 따른 천거가 보다 빈번하게 이루어짐으로써 그 본래의 취지를 벗어나 많은 폐단을 야기한 것이 고려시대 천거제의 실상이었다. 그 같은 상황은 이미 고려 전기부터 나타나기 시작하여, 예부 상서를 지낸 김심언(金審言)은 성종 9년(990)에 올린 봉사(封事)에서

염치를 아는 자를 천거하는 사람도 없고, 잘못하는 자를 규탄하는 사람도 없으니, 청탁(淸濁)이 혼동되고 시비(是非)가 분별되지 못하고 있습니다.[206]

라고 주장한 바 있다.

천거의 문란상이 더욱 두드러지게 나타나기 시작한 것은 무신란 이후부터였다. 무신들이 집권하면서 국정 전반에 혼란과 부패가 가중되는 가운데, 천거제도도 예외는 아니어서 그 시행상 많은 문제점이 발생하였다.[207]

---

203. 『고려사』 권 112, 열전 25, 이공수.
204. 『고려사』 권 113, 열전 26, 최영.
205. 『고려사』 권 111, 열전 24, 경복흥.
206. 『고려사』 권 93, 열전 6, 김심언.
207. 『고려사』 권 75, 선거지 3, 전주 범선법.

즉, 당시 집권에 공이 있는 무인들이 논공행상격으로 각기 1명씩을 천거하여 특정 관직에 임용해 줄 것을 강청하는 폐단 등이 나타났던 것이다. 인사상의 문란은 고려말기에도 계속 이어져 홍건적과 왜구의 격퇴에 공을 세운 무사들이 모두 군공(軍功)으로 관직을 포상받고, 청탁과 뇌물이 성행하여 공장(工匠)이나 천예(賤隷)까지도 관직을 얻는 실정이었다.[208]

고려에서는 천거제의 폐단을 시정하기 위하여 다양한 노력을 기울였는데, 그 방안의 하나로 채택된 것이 바로 거주연좌제였다. 고려시대에는 천거를 명하는 국왕의 교령을 내리면서 이와 동시에 천거가 잘못되었을 경우 거주를 처벌하도록 지시하였다. 목종 이후에도 다음과 같이 거주의 처벌을 명하는 국왕의 지시가 계속 내려졌다.

그러나 그 처벌 규정이 명확치 않고, 실제 처벌 사례가 나타나지 않는 것으로 보아 거주연좌제가 단지 상징적인 수준에 머물러 제대로 실효를 거두지 못한 것 같다. 이 때문에 거주연좌제의 엄격한 운용을 촉구하는 건의가 고려 말기에 거듭 제기되었다.

한편 고려시대에는 수령천거제를 제정, 시행함으로써 적임자를 수령에 임용하려 하였으나 역시 소기의 성과를 거두지 못하였다. 그리하여 공정한 천거를 거듭 당부하는 한편, 수령에 대한 고과제 및 포상제의 실시와 함께 거주연좌제의 채용을 통하여 천거의 공정성과 함께 엄격한 수령의 출척(黜陟)을 기하려고 시도하였다.

3. 거주연좌제의 성립

고려의 거주연좌제는 조선에 그대로 계승되어 개국 직후 태조가 내린

208. 『고려사』 권 114, 열전 27, 오인택.

교서에서 수령의 천거를 당부하면서 잘못 천거할 경우 거주를 처벌토록 지시하였다. 거주연좌의 규정은 개국 직후부터 수령천거제에 적용되었으나, 식년천거제에도 역시 적용되었다. 식년천거제에 있어서의 거주연좌 규정은 『경제육전』에 처음으로 명시되었다. 즉, 거주가 사정에 따라 잘못 천거하거나 피천자가 탐오·난정하여 백성에게 해를 미치게 한 경우 피천자는 물론 거주도 함께 처벌토록 규정되었던 것이다.

수령천거제와 식년천거제의 거주연좌 규정은 이후에 통합되어 『경국대전』에 피천자가 장오·패상의 죄를 범했을 경우 그 거주를 연좌시키도록 명시되었다. 거주연좌제는 수령천거제와 식년천거제에서 특히 강조되었는데, 그 이유는 이들 천거의 시행 상에 많은 폐단이 발생했기 때문이었다.

그러나 거주연좌 규정은 유일천거제나 효행자천거제에 적용되기도 하였다. 즉, 유일천거제에 있어서는, 세조 8년(1462)에 내린 유시(諭示)에서 사정에 따라 잘못 천거할 경우 거주를 처벌토록 지시한 바 있다. 이 유시에서는 특히 거주연좌 외에 거주가 적격자를 천거할 경우 거주를 포상토록 지시하기도 하였다.[209]

효행자천거제에 있어서의 거주연좌 규정은 세종 23년(1441)에 의정부의 건의가 채택됨에 따라 처음 등장하였는데, 그 내용은 효행자가 있음에도 천거치 않거나 효행의 실적이 없는 자를 천거할 경우 향리인(鄕里人)이나 관리를 처벌토록 되어 있었다.[210]

지금까지 살펴본 것처럼 조선 초기에는 천거의 폐단을 방지하기 위하여 거주연좌를 엄격히 규정하였으나 이 제도가 소기의 성과를 거두었다고 보기는 힘들 것 같다. 그것은 거주연좌제가 제대로 시행되지 못하고 있다는 비난이 제기되기도 하고,[211] 심지어는 거주연좌제가 땅에 떨어져 행해지

---

209. 『세조실록』권 29, 8년 9월 병신.
210. 『세종실록』권 94, 23년 10월 을유.

지 못하고 있다는 지적까지 있었으며,[212] 권세가의 자제나 청탁의 무리들이 계속 천거되었던 점[213] 등을 통하여 알 수 있다. 이러한 실정이었으므로 학덕과 재능이 있는 인재들이 천거되지 못하여[214] 천거제의 존재에 회의를 표시하는 의견이 자주 대두되었던 것이다.

이처럼 거주연좌제가 잘 실시되지 못했던 것은 거주들이 대개 고관이었으므로 국왕의 비호를 받아 처벌을 면할 수 있었고, 이 법을 엄격히 적용할 경우 천거가 제대로 이루어지지 못할까 염려했기 때문이었다.

5. 맺음말

고려와 조선은 천거제를 통하여 유능한 인재를 발탁하려고 하였으나, 때로는 천거가 올바르게 이루어지지 못하여 많은 폐단을 야기하기도 하였다. 고려에서는 이러한 천거제의 문제점을 해소하기 위하여 송에서 시행된 거주연좌제를 도입, 시행하였으며, 이것은 뒤에 조선으로 이어졌다. 이 제도는 천거를 좀더 공정하게 하도록 하려는 의도에서 실시되었지만, 대부분의 천거가 고관들에 의해 이루어진 관계로 그것의 엄격한 적용은 처음부터 기대하기 어려운 일이었다. 이 때문에 천거의 문제점이 조선 말기까지 사라지지 않고 계속 나타났던 것이다.

211. 『태종실록』권 22, 11년 윤12월 기사.
212. 『성종실록』권 196, 17년 10월 기해 ; 『태종실록』권 8, 4년 8월 기유.
213. 『성종실록』권 196, 17년 10월 을미 ; 『성종실록』권 91, 9년 4월 기축.
214. 『태종실록』권 16, 8년 11월 경신.

유일천거제

1. 머리말

유일(遺逸)이란 유일지사(遺逸之士) 또는 산림유일지사(山林遺逸之士)
등의 준말로서, 뛰어난 학덕과 재능을 지니고 있으면서도 초야에 은거(隱
居)하고 있는 미입사(未入仕)의 선비를 뜻한다. 그러나 더 넓게는 우수한
재능에도 불구하고 스스로 관직에서 물러나 은둔하고 있는 전직관리와, 하
위직에 오랫동안 머물러 있는 현직관리까지를 뜻하는 개념이다. 이러한 유
일은 은일(隱逸)·일민(逸民)이라고도 일컬어졌다.

2. 유일천거제의 성립

유일을 등용키 위한 제도인 유일천거제는 중국 한나라의 향거이선제
(鄕擧里選制), 즉 선거제(選擧制)에 그 기원을 두고 있다. 선거제는 찰거제
(察擧制)라고도 불렀는데, 중앙의 대신이나 지방장관이 향당(鄕黨)의 여론
을 살펴 인재를 중앙에 천거하던 제도이다. 이것은 전한 고조(高祖) 11년
(B.C 196년)에 처음 실시되기 시작하여 문제(文帝) 15년(B.C 165년)에 제도
적 정비가 완료되었다.[215]

우리나라에서는 이미 삼국시대부터 향거이선제를 받아들여 유일을 천

거, 등용하였다. 즉, 『증보문헌비고』에서는 고구려 고국천왕(故國川王) 13년(A.D 191년)에 처사 을파소(乙巴素)가 천거되어 국상(國相)이 된 사실을 우리나라 최초의 유일천거 사례로 들고 있는 것이다.[216]

고려시대에도 유일천거제는 계속 이어져 과거제·음서제 등과 함께 관리등용제도의 하나로 기능하였다. 고려에서 유일의 천거가 처음으로 법제화된 때는 성종 6년(987년) 8월이었다. 즉, 성종 6년(987) 8월에 경학박사와 의학박사 각 1명씩을 두도록 하교하면서 아울러 지방관으로 하여금 명경(明經)·효제((孝悌) 등이 뛰어난 자를 천거하여 중앙으로 올려 보내되 이것을 상식화(常式化)하도록 지시했던 것이다.[217] 이처럼 유일천거가 법제화한 이후 말기까지 10여 회의 천거 교령이 계속적으로 내려졌다.

조선왕조에서는 고려의 제도를 계승하여 초기부터 유일천거를 제도화하였다. 즉 개국 직후인 태조 원년(1392년) 9월에 각 도의 경명행수인(經明行修人) 등을 찾아서 조정으로 보내도록 해야 한다는 도평의사사의 다음과 같은 건의가 채택됨으로써 유일천거제의 기틀이 마련되었던 것이다.

경학에 밝고 행실을 수양하며 도덕을 겸비하여 가히 사범이 될만한 자, 시무(時務)에 능통하고 경국제세(經國濟世)의 재주를 지녀서 정사(政事)에 공적을 세울 수 있는 자, 문장에 익숙하고 필찰(筆札)에 정통하며 이치(吏治)에 통달하여 백성을 다스리는 일을 감당할 수 있는 자, 지모(智謀)가 육도(六韜)·삼략(三略)에 통달하고 용기가 군을 지휘할 만하여 장수가 될만한 자, 활쏘기와 말타기에 능숙하고 돌멩이를 던지는 재주가 있어서 군무(軍務)를 담당할 수 있는 자, 그리고 천문·지리·점복·의약 중에서 한 가지 특기를 가진 자을 자세히 조사하고 찾아내어 조정에 보고토록 하여 탁용(擢用)에 대비해야 합니다.[218]

215. 정흠인, 『중국문화신론』제6권, 대북, 1984, pp.181~208.
216. 『증보문헌비고』권 198, 선거제 15, 천용 1. 이와 같은 사실은 『삼국사기』권 16, 고구려 본기 4, 고국천왕 13년 4월조에도 실려 있다.
217. 『고려사』세가 권 3, 성종 6년 8월.

위와 같은 내용은 태조 3년(1394년)에 정도전(鄭道傳)이 편찬한 『조선
경국전』(朝鮮經國典)의 거유일조(擧遺逸條)와 태조 6년(1397년)에 편찬된
『경제육전』(經濟六典)의 천거지법(薦擧之法)에 그대로 규정됨으로써[219] 유
일의 천거가 제도화되기에 이르렀다.

태조 때 성립된 유일천거제는 태종 때에 이르러 약간의 정비를 보게 되
었다. 즉, 태종 6년(1406) 2월에 이조에서 올린 전선지법(銓選之法)에는 유
일천거에 관하여 다음과 같이 규정되었던 것이다.

> 서울과 지방의 대소 관리가 천거한 인재는 직품을 종류별로 나누어 일일이 기록하
> 여 책을 만들고 매번 전주(銓注)할 때를 당하면 품계에 따라서 계문(啓聞)하여 제
> 수하되 3년에 한 차례로 정식(定式)을 삼는다. 만약 재주를 지닌 유일이 있으면 연
> 한에 구애됨이 없이 실봉(實封)하여 특천(特薦)하게 한다.[220]

위의 기사는 3년마다 정기적으로 천거를 실시하되, 유일의 경우에는 연
한(年限)에 구애받지 말고 특별천거토록 한다는 내용이다. 이처럼 유일의
천거는 3년마다 실시되는 정기천거(식년보거)와는 별도로 부정기적으로
시행되는 특별천거였으며, 이런 의미에서 당시에는 유일천거를 특천 또는
특거(特擧)라 부르기도 하였다. 위와 같은 규정은 태종 8년(1408) 4월에 제
정된 천인지법에도 그대로 명시되었다.[221]

앞에서 살펴본 것처럼 조선왕조에서는 초기부터 유일천거를 제도화하
고 그에 따라 유일을 지속적으로 천거, 등용하고자 하였다. 이처럼 유일천
거를 제도적으로 규정하고 시행한 동기는 고려제도의 답습이라는 측면 이
외에도 다음의 몇 가지를 지적할 수 있다.

---

218. 『태조실록』권 2, 원년 9월 임인.
219. 『태종실록』권 16, 8년 11월 경신.
220. 『태종실록』권 11, 6년 2월 무진.
221. 『태종실록』권 15, 8년 4월 계해.

첫째 동기는 재야의 학덕높은 인재의 등용이다. 이 점을 이해하는 데에
는 정도전이 편찬한 『조선경국전』 거유일조의 다음 기사가 도움이 된다.

선비로서 재야에 있는 사람들 가운데에는 도덕을 지니고 있으면서도 세상에 알려
지기를 꺼려하는 사람이 있는가 하면, 재능을 품고 있으면서도 발탁되지 못하는
사람이 있다. 이런 사람들은 위에 있는 사람이 정성스럽게 구하고 성실하게 찾지
않으면 스스로 나와서 등용되지 못하는 것이다. 이런 까닭에 예를 후하게 하여 이
들을 불러내야 하며 관작(官爵)을 높게 주어서 대우해야 한다. 옛날의 선왕(先王)
이나 철왕(哲王)들이 지극히 훌륭한 정치를 행할 수 있었던 것도 이렇게 한 때문이
다.[222]

도덕을 지니고 있으면서도 세상에 알려지기를 꺼리는 이른바 불구문달
지사(不求聞達之士)나 재능을 품고 있으면서도 발탁의 기회를 얻지 못하여
초야에 은거하고 있는 재야의 선비, 즉 유일은 스스로 나와서 등용되지 못
하기 때문에 예(禮)를 후하게 하고 관작을 높게 주어 불러내야 한다는 것이
다. 정도전의 이러한 주장은 재야 인재의 등용이 유일천거제의 중요한 목
적이었음을 잘 나타내고 있다.

둘째, 유일천거는 과거나 보거 등으로는 발탁할 수 없는 인재를 등용하
려는 의도도 내포하고 있었다. 조선시대의 관리등용제도에는 과거 · 보
거 · 문음 등이 있었으나, 이것들은 출세를 거부하고 초야에 은거하고 있는
학덕높은 인재 등을 고루 발탁할 수 없는 한계점을 지니고 있었다. 이러한
과거제 등의 한계 또는 폐단에 대하여 성종 때 주계부정 이심원(李深源)은
다음과 같이 적절히 지적한 바 있다.

지금 인재를 얻는 방법은 적지 않으니, 과거 · 보거 · 이임취재(吏任取才)가 있습니

---

222. 『조선경국전』 상권, 거유일.

다. 그러나 과거는 문장에는 뛰어나지만 실무의 경험이 적은 자를 뽑으며, 보거는 인척(姻戚)의 연고가 아니면 청탁하는 무리를 뽑고, 이임취재와 음취재(蔭取才)는 가벼이 생각하여 마음을 쓰지 않으므로 한갓 헛된 것일 뿐입니다. 그러므로 이런 것으로 인재를 얻고자 한다면 소홀하다고 할 만합니다. 지금의 계책으로는 전하께서 덕이 높은 선비를 불차탁용(不次擢用)하여 좌우에 두고, 덕업(德業)이 충분히 갖추어져 사표(師表)가 될만한 자를 각기 천거토록 하십시오.[223]

이처럼 과거로는 문장에는 능하지만 실무의 경험이 적은 자를 선발하며, 보거로는 친척이나 청탁의 무리를 뽑고, 이임취재와 음취재는 한갓 헛된 것일 뿐이므로 이것으로 인재를 얻으려 한다면 소홀하게 될 수밖에 없다는 것이다. 따라서 과거 등의 이러한 한계를 극복키 위해서는 학덕이 높은 유일을 천거, 등용해야만 한다고 강조하고 있다.

성종 13년(1482)의 경연(經筵)에서 제기한 시독관(侍讀官) 조위(曹偉)의 다음과 같은 지적도 이 점을 잘 시사해 주고 있다.

우리나라에서는 인재를 등용하는 데에 과거로 하기도 하고, 보거로 하기도 합니다만, 어찌 능히 인재를 다 얻을 수 있겠습니까? … 우리나라가 비록 국토가 협소하다고 합니다만 어찌 유재(遺材)가 없겠습니까? 마땅히 일민(逸民)을 찾아 등용하여 선비들의 구진(求進)하는 기풍을 바로잡게 하십시오.[224]

여기에서 조위는 조선에는 용인(用人)의 방법으로 과거와 보거가 있지만 이것으로는 인재를 모두 얻을 수 없다고 지적하고 있다. 그러면서 그는 조선의 국토가 비록 협소하지만 유재가 있을 것이므로 마땅히 이들을 찾아서 등용해야 한다고 건의하고 있다. 이어서 대사헌(大司憲) 채수(蔡壽)도 이에 동조하여 보거로는 결코 인재를 얻을 수 없으므로 유일을 수방(搜訪)

---

223. 『성종실록』 권 91, 9년 4월 기해.
224. 『성종실록』 권 142, 13년 6월 경신.

해야 한다고 주장하였다. 또한 이러한 건의에 따라 성종이 의정부에 내린 전지(傳旨)에서도,

우리나라에서 과거를 베풀어 선비를 뽑고, 또 보거의 법을 세워서 재주와 덕망이 있는 선비를 모두 등용하고자 하니 구현(求賢)의 길이 넓지 않다고 할 수는 없다. 그러나 창해(滄海)의 유주(遺珠)는 예로부터 탄식하는 바이며, 초택(草澤)과 암혈(巖穴)의 사이에도 어찌 재주와 뛰어남을 간직하고 있으면서 스스로 쓰이지 못하는 자가 없겠는가. 무릇 높은 자리에 있는 자들이 나의 지극한 생각을 본받아서 유일을 찾아 아뢰도록 하라.[225]

라고 하여 과거와 보거 등의 등용로가 넓게 열려있지만, 재능을 갖추고 있으면서도 스스로 벼슬길에 나올 수 없어 탄식 속에 초야에 묻혀 있는 유일을 찾아서 보고하도록 지시하고 있다.

위의 기사에 나타난 바와 같이 과거나 보거만으로는 결코 유일을 모두 등용할 수가 없었다. 따라서 과거 등의 한계를 극복하여 세상에 나오기를 꺼려하는 인재를 찾아서 발탁하고, 재능을 갖추고 있으면서도 기회를 얻지 못하여 비탄에 빠져 있는 인재나 관직에서 물러나 은거하고 있는 자들을 등용키 위하여 유일천거제를 운용하였다고 할 수 있다.

셋째, 특히 개국 직후인 태조와 태종 때에 유일의 천거를 강조한 이유는 신생 왕조의 통치에 필요한 인재를 시급히 충원하려는 데에도 있었던 것 같다. 그렇지만 그 이면에는 불사이군(不事二君)의 정신에 따라 조선왕조에 대한 충성을 거부한 채 은둔하고 있는 고려의 유신(遺臣)들이나 절의파(節義派) 지식인들을 포섭, 등용키 위한 의도도 내재하여 있었다. 그 좋은 예의 하나로 정종(定宗) 2년(1400)에 세제(世弟)였던 이방원(李芳遠)이 고려의 신하로서 낙향하여 은거하고 있던 길재(吉再)를 유일로 천거한 사실을 들

225. 위와 같은 조.

수 있다. 이 때 봉상박사(奉常博士)라는 관직을 제수받은 길재는 불사이군을 내세워 끝내 이를 고사(固辭)했던 것이다.[226] 어쨌든 이것을 통하여 조선 초기에 고려의 신하들을 포섭하기 위하여 유일천거제를 활용했음을 확인할 수 있다. 그 후 성종 때부터는 절의파의 후예로서 입관(入官)을 꺼리고 있던 사림파의 등용을 위해 유일천거제를 실시하기도 하였다.

넷째, 유일천거제는 자연재해의 수습방안으로 운용되기도 하였다. 조선시대에는 관리등용의 모순을 자연재해의 원인과 결부시키는 유교적 관념이 존재하고 있었다.[227] 그리하여 가뭄이나 태풍 등의 재해가 발생하면 그 수습방안의 하나로 구언(求言)과 함께 거현(擧賢), 즉 유일의 천거를 강조하곤 하였다.[228] 이에 따라 태종 11년 6월에 한재(旱災)가 발생했을 때 의정부에서 유일의 천거를 건의한 일이 있다.[229] 그 후 태종 12년(1412) 7월에도 태풍에 의한 재해가 발생하자 그 수습책으로 양부와 육조 등에 유일을 천거토록 명하였는데,[230] 이 지시가 내려진 직후 육조와 대간(臺諫)에서 유일을 천거하여 국왕에게 보고하였던 것이다.[231]

그밖에 유일천거제는 학덕높은 유학자들을 천거, 등용함으로써 유교윤리를 장려하고 풍속을 교화하려는 목적도 지니고 있었다. 또한 새 국왕의 즉위 직후에 유일의 천거를 강조한 것은 정권을 안정시키고 민심을 수습하기 위하여 취해진 조처였다.

---

226. 『정종실록』권 5, 2년 7월 을축.
227. 권연웅, 「조선초기 경연의 재이론」, 『역사교육논집』13·14, 1990, pp.599~605.
228. 『태종실록』권 24, 12년 7월 갑진.
229. 『태종실록』권 21, 11년 6월 계묘.
230. 『태종실록』권 24, 12년 7월 을사.
231. 『태종실록』권 24, 12년 7월 임자.

3. 유일천거제의 시행상황

1) 천거교령의 반포

앞에서 살펴 본 바와 같은 제도적 규정을 근거로 하여 조선 초기의 국왕들은 유일의 천거를 명하는 교령(敎令) 또는 전지(傳旨)를 빈번하게 내렸다. 『조선왕조실록』에 의하면 국초부터 성종 때까지 모두 25회의 유일천거에 관한 교령 및 전지가 내려진 것으로 나타나고 있다.

이에 의하면 단종을 제외한 모든 국왕들이 유일천거를 명하였고, 특히 태종 · 세종 · 성종 때에 유일천거 교령이 집중되었으며, 그 중에서도 특히 성종 때에 가장 많은 교령이 내려진 것을 알 수 있다. 이것은 이들 국왕 때에 유일천거를 적극적으로 권장하였으며, 이에 따라 유일의 천거가 활발히 이루어졌음을 의미하는 것으로 보인다. 이 점은 뒤에서 살펴볼 유일천거의 사례를 통해서도 입증되고 있다. 또한 조선 초기의 국왕들이 거의 예외없이 즉위 초에 유일천거를 명하였는데, 이처럼 즉위 초에 유일천거를 강조한 것은 숨은 인재를 등용함으로써 민심을 수습하고 정치에 새로운 활력을 불어넣기 위한 의도에서 연유하였다.

2) 천거 인원과 천거 사례

천거의 인원에 대해서는 『조선경국전』 등의 법전에 구체적 규정이 없었으며, 천거 교령에도 천거할 인원을 명시하지 않는 것이 일반적이었다. 그 이유는 재야의 유능한 인재를 널리 박탈한다는 유일천거제의 정신에 따라 원칙적으로 천거 인원과 시기에 제한을 두지 않았기 때문이다.

그러나 때에 따라서는 천거 인원을 명시하는 경우도 있었는데, 대개 백관(百官) 또는 6품 이상의 관리들로 하여금 각기 1~3명씩을 천거토록 하였다.[232] 이밖에 각 도별로 천거 인원을 할당하는 경우도 있었다. 태종 18(1418)년 3월에 각 도의 관찰사로 하여금 현량(賢良)을 찾아 보고토록 지

시하면서 그 인원을 도별로 지정한 바 있다.[233]

다음은 『조선왕조실록』에 나타나고 있는 유일천거 사례를 알아보도록 하겠다. 실록에 의하면 태조·정종 때에는 유일의 천거 사례가 보이지 않고 있는데, 이것은 당시에 유일로 천거된 자가 그다지 많지 않았음을 의미한다고 하겠다.

실록에 본격적으로 천거 사례가 나타나는 것은 태종 때에 접어들면서부터이다. 당시의 천거 사례를 보면, 태종 9년(1409)에 진의귀(陳義貴),[234] 13년(1413)에 생원 고약해(高若海)가 각기 유일로 천거되었다.[235] 또한 이보다 앞서 동왕 9년(1409) 7월에 권숙(權肅) 등 5명이 천거되었으며,[236] 동왕 12년(1412) 7월에는 육조와 대간이 유일을 천거하여 왕에게 보고하였고,[237] 같은 왕 18년(1418) 정월에도 각 도에서 천거한 유일을 이조에서 국왕에게 보고하였다.[238]

실록에 따르면 세종 때부터 세조 때까지는 천거 사례가 거의 보이지 않다가 성종 때에 이르러 다시 사례가 다수 나타나고 있다. 이러한 상황에 대하여 성종도 다음과 같이 지적한 바 있다. 즉,

내가 즉위한 이래로 유일을 찾아서 등용한 자가 한 둘이 아니었다.[239]

라 하여 성종 초기에 다수의 유일을 천거했음을 보여주고 있다. 실제로

---

232. 『태종실록』권 19, 10년 6월 무술 ; 『성종실록』권 13, 2년 11월 을사.
233. 『성종실록』권 35, 18년 3월 경오.
234. 『태종실록』권 18, 9년 7월 경인.
235. 『태종실록』권 26, 13년 7월 신묘.
236. 『태종실록』권 18, 9년 7월 기묘.
237. 『태종실록』권 24, 12년 7월 갑진.
238. 『태종실록』권 35, 18년 정월 무진.
239. 『성종실록』권 50, 5년 12월 신묘.

안양생(安良生)·이복선(李復善)·김맹성(金孟性) 등이 천거된 사례가 나타나고 있어 위의 기사를 뒷받침 해주고 있다.[240] 또한 같은 왕 25년(1494)에는 경상도 관찰사 이극균(李克均)이 생원 김굉필(金宏弼) 등 4명을 은일지사(隱逸之士)로 천거한 바 있다.[241]

이처럼 천거 교령이 빈번히 내려진 태종과 성종 때에 유일의 천거도 가장 활발히 이루어졌지만, 전반적으로 보면 유일천거제가 활발히 시행되었다고 보기는 어렵다. 그 이유는 피천자의 인원수에서도 드러나고 있지만, 유일천거의 부진을 지적하면서 천거를 촉구하고 있는 태종 때의 기사를 통해서도 확인할 수 있다.

> 의정부에서 『경제육전』에 있는 천거법을 거듭 밝히기를 청하였다. 근래에 거행치 못하여 유일이 없지 않으니 『경제육전』의 조령에 의거하여 거행케 하고, 지금부터는 감사와 수령의 능부(能否) 또한 이같은 사람을 얻는 것의 다소(多少)로써 고찰토록 하십시오.[242]

이에 의하면 『경제육전』의 천거법이 제대로 거행되지 않아 유일이 있으니 천거법을 바르게 시행하여 유일을 천거토록 하고, 관찰사나 수령의 능력을 유일천거의 실적에 따라 판단해야 한다는 것이다. 또한 성종 14년(1483)에 내린 국왕의 전지 가운데에도 다음과 같이 천거의 부진이 지적되었다.

> 지난번에 여러 번 전지를 내려 중외(中外)의 관리로 하여금 각각 아는 자를 천거케하고 허심탄회하게 기다려온 이래 겨울과 여름이 여러 번 바뀌었으나 아직까지 한 사람도 와서 고하지 않으니 남아 있는 인재가 없다는 것인가? 혐의스러운 비방을

---

240. 『성종실록』권 142, 13년 6월 경신.
241. 『성종실록』권 290, 25년 5월 정미.
242. 『태종실록』권 16, 8년 11월 경신.

이러한 국왕들의 관심에 힘입어 천거 사례에서도 나타나듯이 태종·성종 때에 유일의 천거가 다른 때에 비하여 비교적 활발히 이루어질 수 있었던 것이다.

3) 피천자의 성분

유일이란 학덕과 재능을 갖추고 있으면서도 등용되지 못한 재야의 미입사자와 전직관리를 의미하지만, 유일을 천거할 경우, 때에 따라서는 유일의 자격 내지 요건이라 할 수 있는 천목(薦目)을 구체적으로 명시하는 경우도 있었다.

『조선경국전』거유일조에서는 경명행수(經明行修) 등 7조, 태종 9년(1409) 6월의 교지(敎旨)에서는 불구문달(不求聞達) 등 5조, 그리고 세조 1년(1455) 9월의 유지(諭旨)에서는 문명학술(文明學術) 등 6조로 유일의 천목을 규정하고 있다. 이처럼 유일의 천목은 시대별로 약간씩 다르게 제시되었으나, 대체로 경명행수(학행), 효행은 거의 공통적으로 포함되어 있었다. 실제 천거 사례를 보면, 피천자들은 학행·효행·불구문달 등으로 천거된 것으로 나타나고 있다.

다음, 피천자의 전력(前歷)에 대하여 알아보면, 실제 사례를 볼 때 유일로 천거된 자들은 전·현직 관리 보다는 미입사자가 다수를 차지하였으며, 미입사자들 중에는 과거(소과)에 합격하지 않은 유학(幼學)에 비하여 소과 합격자인 생원·진사가 월등히 많았다. 이러한 피천자들의 전력을 통하여 유일천거제가 유학·생원·진사 등 미입사자의 초입사로, 전직관리의 재

---

243. 『성종실록』권 159, 14년 10월 기축.

임용로, 현직관리의 승진로로서의 기능을 지니고 있었음을 확인하게 된다.

한편 조선 초기에는 유일의 천거시 피천자의 연령에 원칙적으로 제한
이 없었다. 태종 15년(1415) 7월의 하교(下敎)에 의하면,

> 각 도의 관찰사에게 명하여 정치하는 법을 아는 자를 찾게 하되, 유·무직(有無職)
> 과 노소(老少)에 구애받지 말고 이름을 적어 보고토록 하라.[244]

라고 하여 연령에 구애받지 말고 유일을 천거토록 명하였다. 또한 성종
24년(1493)에도 연령이 비록 높더라도 기력(氣力)이 강하여 입사할 수 있는
유일을 천거하라고 지시한 적이 있다.[245] 이에 따라 성종 25년(1494)에 생
원 정철견(鄭鐵堅)은 나이가 비록 60세를 넘었지만 절행(節行)이 높고 기력
이 강건하다 하여 유일로 천거된 바 있다.[246] 이렇게 피천자의 연령에 제한
을 두지 않은 것은 숨은 인재를 발탁코자 한 정신 때문이었다. 실제 사례를
보면, 천거될 때의 피천자들의 연령은 30대 후반부터 40대 초반까지가 주류
를 이루고 있었다.

4) 피천자의 역관경향

유일로 천거된 자들은 천거받는 즉시 관직에 임용되지는 않았다. 거주
가 피천자의 성명이나 재행(才行) 등을 기록하여 중앙으로 올려 보내면 이
조에서 피천자의 성명과 재행 등을 명부에 기록하여 두었다가 빈자리가 생
기면 피천자의 능력에 따라 임용하게 되어 있었다.[247] 따라서 다음의 기사

---

244. 『태종실록』권 29, 15년 7월 병진.
245. 『성종실록』권 284, 24년 11월 계묘.
246. 『성종실록』권 290, 25년 5월 정미.
247. 『태종실록』권 35, 8년 정월 무진.

에 보이는 것처럼 천거를 받고도 미처 임용되지 못하는 자들도 있었다.

> 무릇 쓸모있는 인재가 하료(下僚)에 침체되어 있거나 전야(田野)에 숨어있는 자들
> 을 전에 천거하게 하였으나, 등용된 사람이 있다는 말을 듣지 못하였습니다. 임금
> 의 령(令)은 반드시 시행하는 것을 귀하게 여기는 것이니 빨리 시행하게 하십시
> 오.[248]

　이와 같이 피천자들이 천거받는 즉시 모두 임용되는 것은 아니었지만, 대부분의 피천자들은 천거된 후 어느 정도의 기간이 경과하면 관직에 임명되었다.

　실제 사례를 통하여 피천자들의 역관 경향을 보면, 무직자로서 천거되어 초입사한 자들은 종5품으로부터 종9품까지의 관직에 임명되었다. 그리고 그 가운데 과반수가 넘는 자들이 종6품 이상의 참상직(參上職)에 파격적으로 임용되었다. 조선 초기에는 문과 급제자들 중 장원(壯元) 급제자만이 종6품직에 초임되고, 문음의 경우에는 1품 관리의 장·차남만이 종7품직에 초임될 수 있었던 데에[249] 비하면 천거 출신자들에 대한 이러한 초임은 매우 파격적인 대우라 하지 않을 수 없다. 유일에 대한 이같은 우대는 그들을 불러내어 등용키 위한 특별 조치였다.

　이와 같은 맥락에서 일찍이 정도전은 『조선경국전』 거유일조에서 다음과 같이 역설한 바 있다.

> 선비로서 재야에 있는 사람들을 … 위에 있는 사람이 정성스럽게 구하고 성실하게
> 찾지 않으면 스스로 나와서 등용되지는 못하는 것이다. 이런 까닭에 예(禮)를 후하
> 게 하여 이들을 불러내야 하며 관직을 높게 주어서 대우해야 한다.

---

248. 『성종실록』 권 165, 15년 4월 을해.
249. 『세종실록』 권 32, 8년 4월 기축.

성종 15년(1484) 11월의 전지에서도

진실로 재행(才行)이 뛰어난 자는 자격에 구애받지 말고 불차탁용(不次擢用)하
라.[250]

라고 하여 재행이 뛰어난 자는 차례를 기다리지 말고 등용토록 지시하
였던 것이다.

이처럼 유일은 상당수가 파격적인 대우를 받고 초입사하였지만, 그 후
의 역관(歷官)은 그리 순탄치만은 않았다. 실제 사례를 보면, 피천자의 대
부분은 당상관으로 승진하지 못하고   당하관에 머문 것으로 나타나고 있
다. 이것은 당시 관료사회의 유일에 대한 부정적 시각과 경계심을 나타내
주는 것이라 하겠다.

5) 거주의 범위

거주(擧主)란 피천자를 천거하는 자로서 천주(薦主)라 부르기도 하였
다. 태종 5년(1405) 2월에 이조에서 올린 전선지법(銓選之法)에 의하면,

만약 재주를 지닌 유일이 있으면 대소의 관리로 하여금 실봉(實封)하여 특천(特薦)
케 하라.[251]

라고 하여 유일천거에 있어서의 거주를 모든 관리로 규정하고 있었다.
그러나 실제로는 천거 교령이 내려질 때마다 변화가 있었다. 교령 상에 나
타나는 거주의 범위는 대체로, 관리의 품계에 제한을 두지 않은 경우에는

250. 『성종실록』권 172, 15년 11월 계사.
251. 『태종실록』권 9, 5년 2월 을해.

백관(百官), 관리의 품계를 제한하는 경우에는 주로 6품 이상의 관리로 규정되었다. 그리고 관서 및 관직을 제한하는 경우에는 중앙은 의정부·이조·육조·대간·한성부, 지방은 관찰사와 수령으로 되어 있었다.

이것을 시대별로 살펴보면 태종 때에는 거주의 범위가 백관으로 되어 있어서 모든 관리가 거주가 될 수 있었으나, 세종 때부터는 6품 이상 관리로 축소되었다. 그 후 성종 때에는 중앙의 경우 의정부·육조·대간 등으로 거주가 제한되었으며, 지방은 주로 관찰사로 하여금 천거케 하였다. 이처럼 거주의 범위는 시대가 내려올수록 축소되는 경향을 보였다. 실제 사례를 보면, 중앙은 성균관과 사간원 등의 관서와 3품 이상의 관리들이 주로 천거하였으며, 지방은 대개 관찰사가 천거를 하였다.

4. 맺음말

지금까지 조선 초기 유일천거제의 성립과정과 그 시행상황에 대하여 살펴보았다. 학덕있는 재야의 인재 등을 천거키 위한 유일천거제는 개국직후부터 제도적으로 정립하여 시행되었으나, 이것을 통하여 정계에 진출한 자가 그리 많지는 않았다. 그러나 유일천거제가 초기부터 초입사 등의 관리등용에 일정한 역할을 담당했음을 확인할 수 있었다.

유일의 생애와 생활자세

1. 머리말

조선시대의 학자들 가운데 유일(遺逸) · 은일(隱逸) · 일사(逸士) · 일민(逸民) · 隱士(은사), 그리고 處士(처사) 등으로 불리운 재야의 선비들은 대체로 권력이나 벼슬을 탐하지 않았다. 그들은 권력만이 아니라 부와 명예도 멀리하였다.

왕조시대에 임금은 얼마나 어마어마한 존재였는가. 루이 14세의 말을 빌릴 것도 없이 왕은 바로 법이었다. 임금의 말을 듣지 않는 것은 곧 죄를 짓는 일이었다. 그런 데도 유일들은 임금을 알기를 우습게 알았다. 임금의 말을 한 귀로 듣고 한 귀로 흘렸다. 임금이 과거에도 붙지 않은 그들에게 높은 벼슬을 내리고 아무한테나 주지 않는 역마를 내어주면서까지 서울로 올라오라고 해도 그들은 꿈적도 않고 사직의 상소만을 계속해서 올렸다. 임금은 다시 사정하다시피 하면서 얼굴이라도 한 번 보자고 호소를 한다. 그래도 유일들은 좀처럼 몸을 움직이지 않았다.

집안에 먹을 것이 떨어져서 처자들이 울어도 그들은 결코 가볍게 뜻을 굽히지 않았다. 그러면서도 학문과 교육을 게을리 하지 않고 시간이 나는 대로 자연을 유람하며 시를 읊었다. 유일들은 현대인들이 우상처럼 받들어 모시는 돈 · 권력 · 명예를 탐하지 않고 청빈한 가운데 오직 자기의 신념과 의지대로 살다간 은자(隱者)들이었다.

여기에서는 조선 전기의 대표적 유일인 조식(曺植)·서경덕(徐敬德)·성운(成運)·조욱(趙昱)·이지함(李之菡)의 생애와 생활자세에 대해서 살펴보도록 하겠다.

2. 조식(曺植)

1) 인품과 삶의 자세

조식(1501년, 연산군 7~1572, 선조 5)은 어려서부터 용모가 단정하고 어른처럼 정중하였다고 한다. 어릴 적에는 호방하고 용감하여 자질구레한 예법에 구애받지 않아 스스로 그 재주를 과시하기도 하였다. 그는 성품이 또한 고매하고 쾌활하였으며 도량이 청고(淸高)하고 두 눈에서는 빛이 나서 바라보면 세속 사람이 아님을 알 수 있었다고 한다.

그는 어려서부터 구속을 받지 않았고, 물욕에 물들지 않았으며 세속에 분노하고 사특한 것을 미워하였다. 또 그의 언론(言論)은 재기(才氣)가 번뜩이며 뇌풍(雷風)이 일어나듯 하여, 그의 언론을 들으면 사람들이 모두 두려워하고 감동하였다고 전해진다. 또한 그를 아는 사람들은 '탐욕스러운 사람이 청렴해지고 게으른 사람이 뜻을 세우게 되는 풍도가 있다.??라고 하였다. 그는 또한 소견이 매우 고상했으며 세상일에 대해 분개하는 뜻이 항상 말에 드러났다고 한다.

그는 젊었을 때 내심으로 과거 급제나 공명(功名)은 손쉽게 이룰 것으로 여겼다. 그러던 중 일찍이 친구와 『성리대전』(性理大全)을 읽다가 '이윤(伊尹)이 뜻한 바를 뜻하고, 안자(顔子)가 배운 바를 배우며, 세상에 나가면 공을 세우고 들어앉으면 절조를 지킨다.' 는 대목에 이르러, 비로소 자기가 전에 배운 것이 잘못되었음을 깨달아 성현의 학문에 뜻을 두고 과감하게 실천하여 다시는 세속의 학문에 동요되지 않았다고 한다. 그러면서 장부는 마땅히 이와 같이 해야 한다고 하면서 크게 마음을 가다듬고서 실학에 뜻을 독실히 하였으며, 아울러 과거(科擧) 공부를 중단하였다.

조식은 일찍이 한양에 갔다가 성수침(成守琛)을 방문했는데, 그가 북악산 밑에 집을 짓고 세상사와 인연을 끊은 것을 보고는 마침내 그와 벗이 되었으며, 고향으로 돌아와 벼슬하지 않고 지리산 아래에서 살았다. 조식은 세속을 벗어나 은둔하였으나, 추상(秋霜) 같은 지기(志氣)가 있었으며, 늙어 갈수록 더욱 엄격하여 남의 과오를 용서하지 않았다.

그는 취사(取捨)를 함부로 하지 않아 남을 인정해 주는 일이 적었으며 항상 조용한 방에 단정히 앉아 칼로 턱을 고이는가 하면 허리춤에 방울을 차고 스스로 행동을 조심하여 밤에도 정신을 흐트러뜨린 적이 없었다. 은둔의 세월이 오래되자 사욕과 잡념이 깨끗이 씻겨져 천 길 높이 우뚝 선 기상이 있었고, 꼿꼿한 절개로 악을 미워하여 선량하지 않은 사람을 멀리했기 때문에, 사람들이 감히 접근하지 못했으며, 오직 학도들만이 따랐다고 한다. 평상시에는 종일토록 단정히 앉아 게으른 용모를 하지 않았는데, 나이가 칠십이 넘도록 언제나 한결같았다. 또한 정직하고 명백하여 마치 만 길이나 되는 벼랑처럼 기상이 우뚝해서 사람들이 감히 범하지 못하였다고 전해진다.

그는 호를 스스로 남명처사(南溟處士)라 하였으며, 만년에는 지리산 덕산동의 깊은 골짜기 속에 집을 짓고 살았는데, 이를 산천재(山天齋)라 이름 붙이고 여생을 보냈다. 집안이 매우 궁색하여 자주 먹을 것이 떨어졌지만 항상 태연하였으며, 오직 학문에만 뜻을 두었기 때문에 집에 곡식 한 섬 없어도 걱정하지 않았다고 한다.[252]

그의 학문은 마음으로 도를 깨닫는 것을 중시하고 치용(致用)과 실천을 앞세웠다. 또 석씨(釋氏), 즉 부처의 최고 경지는 유가와 일반이라고도 하

[252. 『명종실록』 권 19, 10년 11월 경술.

였다. 그는 또 '경의(敬義)' 라는 두 글자를 벽에 크게 써서 붙여놓고 제자들에게 보이면서 말하기를 "우리 집에 이 두 자가 있으니, 하늘의 해와 달이 만고(萬古)를 밝혀 변하지 않는 것과 같다. 성현의 천만 가지 말이 그 귀취(歸趣)를 요약하면 이 두 자에서 벗어나지 않는다."라고 하였으며, 임종시에 제자들에게 말하기를, "이 두 글자는 일월처럼 폐할 수 없다."라고 하였다고 한다. 그의 학문은 정밀하고도 광범위하여, 장성해서는 통달하지 않은 책이 없었다고 한다.

그의 학문 자세는 제자인 김우옹(金宇顒)이 선조에게 한 말에서 잘 드러나고 있다. 즉, 선조가 조식의 학문이 어떤가를 묻자 대답하기를, "지치(至治)의 공부는 이황만큼 넓고 크지는 못할 것 같습니다만, 몸소 실천하는 공부는 매우 독실하여 정신과 기백이 사람을 깨우치는 점이 있습니다. 그래서 그의 문하에서 공부한 사람 중에는 절행(節行)이 있는 자가 많습니다."라고 하여 조식의 학문이 실천을 중시했음을 알려주고 있다.[253]

유교윤리의 실천을 중시한 그의 성품은 다음의 사례에서도 잘 드러나고 있다. 즉, 진주에 살던 진사 하종악(河宗岳)의 후처가 남편이 죽은 뒤 홀로 살고 있었는데, 음행(淫行)이 있다는 소문이 마을에 자자하였다. 조식이 우연히 그 일을 정인홍(鄭仁弘)·하항(河沆) 등의 제자들과 말하게 되었는데, 조식은 그 여인을 사형시켜야 한다고 주장하였다. 그러자 정인홍 등이 감사에게 통보하여 옥사(獄事)를 일으켜 다스리는 과정에서 몇 명이 죽었다. 조식은 또 자기 친구인 이정(李楨)이 하종악의 후처와 인척으로 그 일을 몰래 비호하고 풀어주었다 하여 서신을 보내 절교(絶交)를 하면서 그의 죄상을 낱낱이 거론하였다. 그리고 하항 등은 그 옥사가 성립되지 않은 것을 분하게 여긴 친구들을 데리고 하종악의 집을 헐어버렸는데 감사는 이 때문에 하항 등을 잡아 가두었다.

---

253. 『광해군일기』 권 42, 3년 6월 신미.

그러자 홍문관이 차자를 올려 그들을 변호했고, 옥사를 성립시키지 못했다는 이유로 추관(推官)들이 대관(臺官)의 탄핵을 받아 파직당한 자가 많았으며, 이 일로 인하여 조정의 논의가 분분하였다. 이에 임금이 신하들에게 그 일에 대하여 물으니, 대사헌 박응남(朴應男) 등이 아뢰기를, "집을 헐어버린 유생들은 바로 무뢰배들이지 유생이 아닙니다. 만약 그 죄를 다스리지 않으면 후일에 또 다시 그러할까 염려됩니다."라고 하였고, 대신 홍섬(洪暹)도 이 건의를 옳게 여겼으나 그 일이 끝내 실행되지 않았다. 그리하여 영남 선비들이 집을 부수고 고을에서 몰아내는 풍습이 이 때부터 생겼다고 한다. 영남 선비들의 분당의 화근도 사실은 이 일로 하여 시작되었다고 할 정도로 이 사건의 여파는 대단했다.[254]

이처럼 조식은 윤리에 어긋나는 행실을 조금도 용서치 않았기 때문에 때로는 부작용을 야기도 하였던 것이다. 풍속을 해친 자의 집을 부수는 풍습은 그 이후에도 계속되어 인조 때에는 사헌부에서 이를 처벌할 것을 요청하기까지 하였다. 즉, "영남의 풍속은 한 마을에서 죄를 진 자가 있으면 마음대로 집을 헐고 마을에서 내쫓습니다. 이 버릇은 조식이 악을 너무 지나치게 미워한 데에서 비롯된 것인데, 흘러 내려온 폐단이 이제 와서는 더욱 만연되어 다른 도까지도 잘못을 본뜨고 꺼리는 것이 없게 되었으니, 매우 놀랍습니다. 이제부터 전의 버릇을 이어가는 자는 무단(武斷)의 율로 다스리소서."라고 하여 임금의 윤허를 받은 바 있다.[255]

조식은 향촌에 묻혀서 학문을 연마하는 동시에 교육활동을 활발히 펼쳐 많은 제자들을 양성하였다. 그는 교육에 있어서도 지식의 습득보다는 그것의 실천을 중시하는 가르침을 베풀었다. 그리하여 "정신과 기개를 가르쳤으므로 흥기된 자가 많았다."라는 평가를 받았던 것이다. 그의 교육방

254. 『선조수정실록』 권 3, 2년 5월 갑진.
255. 『인조실록』 권 6, 2년 5월 병진.

법은 독특하여 제자를 가르칠 때에 항상 방울을 차고 다니며 주의를 환기시키고, 칼끝을 턱밑에 괴고 혼매한 정신을 일깨웠다고 한다. 말년에 이르러 방울은 수제자인 김우옹에게, 칼은 가장 아끼는 제자 정인홍(鄭仁弘)에게 넘겨준 것으로 전해지고 있다.

그는 일찍이 제자들에게 말하기를 "학문을 함은 어버이를 섬기고 형을 공경하는 예(禮)에서 벗어나지 않으니, 만일 여기에 힘쓰지 않고 갑자기 성리(性理)의 오묘함을 궁리하려 한다면 이는 인사(人事)에서 천리(天理)를 구하는 것이 아니어서 결국 마음에는 아무런 소득이 없을 것이니 깊이 경계하여야 한다."라고 하였다. 이처럼 그는 부모에 대한 효성과 형제에 대한 우애를 중시하였는데, 본래 천성이 효우(孝友)에 돈독하여 부친의 상을 당했을 때는 3년 동안 상복을 벗지 않고 여막을 떠나지 않으면서 아우 조환(曺桓)과 숙식을 같이 하였다고 한다.

그의 인품 등에 대한 평가는 뒷날의 사관(史官)이 쓴 평에 잘 나타나고 있다. 즉, "재행(才行)을 겸비하고 학문이 해박하여 가난을 편히 여기고 도리를 지키며 영달과 녹리(祿利)를 구하지 않는 자가 또 있겠는가."라고 하여 그의 처사적인 풍모를 높이 평가하고 있다. 사관의 또 다른 평에 의하면, "사람됨이 맑고 절개가 굳어 예법(禮法)으로 몸을 단속하고 영욕(榮辱)과 이달(利達)에 마음을 움직이지 않으며 조행(操行)이 뛰어나서 세상에 이름이 났다."라 하기도 하였다. 또한 "조식은 천성이 강개(慷慨)하고 정직하여 세상을 따라 부앙(俯仰)하려 하지 않았고, 몸을 깨끗하게 가져 속된 사람과 말할 때는 자신을 더럽힐까 두려워하여 뒤도 돌아보지 않았다."라고 평하였다.

그밖에 명종 14년(1559) 12월에 경상도 산음(山陰)에 사는 유생(儒生) 배익겸(裵益謙)이 올린 상소에 의하면, "일사(逸士)는 숨어 살면서 남이 알까 걱정하지만 그 청절(淸節)은 충분히 세상에 모범이 되며 풍속을 가다듬게 합니다. 오늘날의 성수침과 조식이 그러한 사람들입니다. 지금 위에 탕

(湯) 임금과 문왕(文王) 같은 군주가 있다면 어찌 자기 한 몸만 깨끗하게 살려고 하면서, 함께 착하게 살기 바라는 마음이 없겠습니까? 그런데 한 사람은 그 뜻을 고상하게 가져 나오지 않고, 한 사람은 초빙에 응하여 잠깐 벼슬하다 집으로 돌아가 버렸습니다. 지금 만약 폐백을 갖추어 맞이하여 곁에 두신다면 어찌 성학의 성취에 도움이 되지 않겠습니까." 라고도 하였다.

조식과 동시대에 살면서 동방의 주자라는 칭송을 들은 이황도 '뜻이 높아 남에게 굽히지 않는 선비'(高抗之士)라고 조식을 평하였으며, 또 '오늘날 남방(南方)의 고사(高士)로는 유독 이 한 사람을 꼽는다.' 라고 하면서 '평소 흠모하기를 깊이 한 바이다.' 라고 높이 평가하였다.[256]

조식과 이황은 같은 시대에 살았지만 두 사람은 왕래하며 상종하지는 않아 한번도 만난 적은 없었다. 그러나 두 사람은 이심전심으로 서로 통하여 서신을 교환하면서 상대방의 훌륭함과 장점을 서로 칭찬하였다. 이는 이황이 조식에게 보낸 서찰에서 "내가 그와 더불어 신교(神交)를 나눠온 지 오래다."라고 한 것과, 조식 또한 일찍이 이황에게 서신을 보내 "평소 존경해 온 마음이 하늘에 있는 북두칠성만큼 크다."라고 한 말에서 잘 나타나고 있다.[257]

2) 관직에 대한 태도

조식은 여러 번 유일로 천거되어 조정의 부름을 받았으나 모두 거절하고 한번도 나아가지 않았다. 그는 중종 35년 7월에 처음으로 유일로 천거되었으며, 명종 때에는 7년 3월과 15년 7월에 각각 관찰사 등에 의하여 천거되었다. 유일로 천거된 후 중종 때에 처음으로 헌릉(獻陵) 참봉에 임명되었

256. 『광해군일기』권 39, 3년 3월 병인.
257. 『광해군일기』권 4, 3년 4월 정축.

으나 사퇴하였고, 명종 때에도 6품 관직을 여러 차례 제수하였으나 상소만 올리고 나아가지 않았다. 그 뒤 명종 7년 10월에는 6품직인 전생서(典牲署) 주부에 임명되었고, 8년 3월에도 사도시(司徒寺) 주부와 예빈시(禮賓寺) 주부에 연이어 제수되었으며, 명종 10년 11월에는 경상도 단성(丹城) 현감에 임명되었다. 그러나 이 모든 관직을 모두 사퇴하였다. 그 뒤 명종 21년 8월에 다시 상서원(尙瑞院) 판관(判官)에 임명되어 처음으로 조정에 나왔으나, 대궐에서 임금을 한번 뵙고 치란(治亂)의 도와 학문하는 방법을 아뢴 뒤 곧바로 고향으로 돌아갔다. 선조가 보위를 이은 직후에도 교서를 내려서 불렀지만 노병(老病)을 이유로 사양하였고, 계속 여러 차례 부르는 명이 내렸으나 상소를 올려 사양하였다. 그 뒤 다시 종친부(宗親府) 전첨(典籤)을 제수하였지만 끝내 나아가지 않았다. 나중에 퇴계 이황이 편지를 보내 조정에 나오기를 권하였지만 역시 응하지 않았다. 이처럼 조식은 과거에 급제하지 않은 처사로서 수많은 관직에 임명되었지만 이를 모두 거절하고 시종일관 재야 선비로서의 자세를 견지했던 것이다.

그가 조정에 나오지 않자 명종 21년에 홍문관 직제학이었던 심의겸(沈義謙)은 그를 극진히 대우하여 초빙해야 한다고 다음과 같이 건의하기도 하였다. 즉, "자고로 학문하여 수양된 뜻을 지키는 선비는 비록 자발적으로 나가서 구하는 데는 마음을 두지 않지만, 윗사람이 참으로 공경과 예의를 다한다면 번연(幡然)히 일어나서 측석(側席)의 갈구에 부응할 것입니다. 조식 같은 이로 말하면 일찍이 유일의 선비로서 초수(超授)의 은혜를 입고도 소명에 달려와 봉직은 않고 있지만 임금에게 충성하고 나라를 사랑하는 말이 일찍이 위에 전달되었습니다. 선비들의 숭앙과 조야의 촉망이 지금 맨 먼저 소명(召命)에 응한 자와 아울러 일컫습니다. 해조의 아뢴 바가 이 사람에게 미치지 못한 이유는 그는 이미 추천을 받아 전하의 선택 중에 있기 때문이었습니다. 지금 전하께서 이미 어진이를 구하는 성의가 독실하시니 마땅히 선비를 대하는 예를 극진히 해야 할 것입니다. 초빙할 때에 간절한 말을 곡진히 하고 접견할 적에 겸손한 마음을 깊이 가하면 학문을 하는 요령과 나라를 다스리는 모책이 약간 좌우에 베풀어질 수 있을 것입니다. 그를 높게 등용하든지 낮게 등용하든지는 진실로 전하의 마음에 달려있지만 미관말직은 어진 선비를 대접하는 도구가 아닙니다. 대저 잡초를 모두 제거하면 좋은 곡식이 저절로 무성하게 됩니다. 그런 때문에 어진이를 진출시키려는 임금은 반드시 간사한 사람을 제거하는 데 엄격해야 합니다. 간사한 사람이 제거되지 않으면 어진이가 진출될 수 없고 어진이가 진출되지 않으면 나라가 따라서 어지러워질 것입니다. 삼가 원하건대 전하께서는 유념하소서.”라고 하였다.[258]

조식과 더불어 조선 전기의 대표적 처사인 성수침의 관직에 대한 태도도 조식과 일맥상통하였다. 젊었을 적에는 성수침도 남들처럼 출세에 뜻을 두고 과거 공부를 하였으나 스승인 조광조가 기묘사화에서 화를 입고 비참한 죽음을 당하자 세상과 더불어 같이 살아갈 수 없음을 스스로 헤아려 드디어 벼슬에 대한 미련을 과감히 떨쳐버리고 과거공부를 단념하였다. 그리고는 속세를 떠나 서울의 북악산 아래에 집을 짓고 ‘청송당(聽松堂)’이란 현판을 달고 문을 닫은 채 출입도 하지 않고 혼자 그 속에 앉아서 날마다 성인의 교훈을 외웠다고 한다. 성수침은 학문과 덕행이 뛰어나서 여러 차례 천거를 받아 관직에 임명되었지만 이를 모두 단호하게 뿌리치고 향리에 묻혀서 오직 학문에만 전념하였다. 이 때문에 그는 친구인 조식과 더불어 당대의 대표적인 유일로 추앙을 받았다. 그리하여 당시에는 고일(高逸)한 선비를 말할 때 으레 성수침과 조식을 더불어 병칭하곤 하였다. 또 사람들이 두 사람을 평하기를, “조식은 학문이 고명하고, 성수침은 조용히 뜻을 기르고 깨끗이 몸을 닦는 사람이니 모두 일세의 고사(高士)이다.”라고 높이 평가하였다.

258. 『명종실록』 권33, 21년 7월 무신.

성수침이 처음 천거를 받은 것은 중종 35년(1540)이었다. 이 때 임금이 3품 이상의 문관과 2품 이상의 무관들에게 각각 유일을 천거하라고 명하였는데, 형조 판서 유인숙 등 6명의 고관들이 그를 천거하였다. 당시에 영의정 이하의 중신들이 40여 명의 선비들을 천거하였는데, 그가 수석으로 천거되었다. 그만큼 그의 학문과 덕행이 뛰어났던 것이다. 천거 후 조정에서 그를 후릉(厚陵) 참봉에 제수하였지만 관직에 나아가지 않았다. 중종에 이어서 명종이 즉위한 뒤에도 여러 차례 관직이 내려졌으나 역시 계속해서 사퇴하였다. 명종 6년(1551)에는 경기 감사가 학문과 행실이 뛰어나다는 명목으로 그를 다시 조정에 천거하였다. 그를 천거하는 감사의 장계에 의하면, "성수침은 효행이 뛰어나고 학문은 경전(經傳)과 사기(史記)를 널리 통달했으며 벼슬에 마음을 두지 않고 조용히 살면서 스스로 도를 즐기니 비록 옛날의 은일(隱逸)에 비교하더라도 부끄러움이 없을 것이다."라고 평하였다. 이듬해에는 그를 등용하라는 임금의 명령에 따라 특별히 6품 벼슬인 내자시 주부에 임명하였으나 취임하지 않자, 곧 다시 예산 현감에 제수하였다. 당시에 이조에서 그를 등용할 것을 건의하면서 올린 인물평에는 "파주에 사는 성수침은 효행이 탁월하고 청렴함으로 자신을 지켰으며, 학문은 경사(經史)에 통달하였다. 한가하게 지내면서 홀로 즐겼고 과거에 나아가지 않았으니, 비록 옛 일민(逸民)에 견주어도 전혀 부끄러울 것이 없다."라고 되어 있었다. 이때에도 그는 사직하고 부임하지 않았다. 조정에서는 그가 관직에 나오기를 바라고 여러 번 고을을 바꾸어 가며 현감에 임명했지만 끝내 모친의 병환을 이유로 나아가지 않았다. 명종 15년(1560)에는 임금의 특명으로 다시 조지서의 사지(司紙)에 제수되었는데, 그가 병을 핑계대면서 올라오지 않자, 당시 영의정이었던 상진이 그에게 권하기를, "은명(恩命)이 전하의 충심에서 나온 것이니 나오지 않을 수 없는 일이다."라 하였으나, 그는, "그대는 나를 모르는 사람이 아니지 않은가."라고 하면서 끝끝내 나오지 않았다고 한다.[259]

　　조식의 관직에 대한 태도는 임금에게 올린 사직상소에서도 잘 드러나고 있다. 그가 올린 사직상소 가운데 가장 유명한 것은 명종 10년 11월에 단성 현감을 사퇴하면서 쓴 상소이다. 당시에 경상도 단성 현감에 제수되자 그는 임금에게 상소를 올려 사퇴의 변을 토로하였는데, 이 상소는 그의 강직함과 관직에 대한 태도를 잘 보여주고 있다. 그는 이 상소의 첫머리에서, 관직을 내려준 것을 그다지 탐탁하게 여기지 않고 있다는 뜻을 내비치면서 은근히 임금을 비판하고 있다. 즉, "삼가 생각하건대, 선왕(先王)께서 신의 변변치 못함을 모르시고 처음에 참봉에 제수하셨습니다. 그리고 전하께서 왕위를 계승하심에 미쳐서는 두 번씩이나 주부(主簿)에 제수하셨고, 이번에는 또 현감에 제수하시니 두렵고 불안함이 산을 짊어진 것과 같습니다. 그런데도 오히려 한번 대궐에 나아가서 천은(天恩)에 사례하지 못하는 것은, 임금이 인재를 취하는 일은 장인(匠人)이 심산대택(深山大澤)을 두루 살펴 재목이 될 만한 나무를 빠뜨리지 않고 다 취하여 큰집을 짓는 것과 같아, 대장(大匠)이 나무를 구하는 것이고 나무가 자발적으로 쓰임에 참여하는 것은 아니라고 생각해서입니다. 그러므로 전하께서 인재를 취하는 것은 임금된 책임이고 신이 염려할 바가 아니므로 그 큰 은혜를 감히 사사로운 은혜로 여기지 않습니다." 그는 이처럼 인재를 얻는 것은 임금의 책임이라고 단언하면서, 관직을 제수해준 것을 임금의 사사로운 은혜로 여기지 않는다고 말하고 있다. 이처럼 임금이 관직을 내려준 것을 조금도 반가워하지 않고 오히려 비판하고 있는 것이다. 오늘날 공직자들이 조식의 위치에 있었더라면 과연 어떻게 행동했을까? 그 무슨 조각이니 개각이니 하는 것이 단행될 때마다 사회의 지도층이라는 사람들은 혹시 청와대에서 전화 한 통 오지 않을까 목을 길게 빼고 기다린다. 그러다가 무슨 장관 무슨 청장직이라도 하나 받으면 감지덕지 그것을 챙기기에 급급하지 않는가. 자신의 분

259. 『명종실록』 권 29, 18년 12월 경오.

수를 헤아려서 내려진 직책을 사양하였다는 말을 별로 들어보지 못한 것 같다. 권력과 명예를 탐하는 무리들은 참으로 조식과 같은 기개로 그것을 단호하게 거절하는 기백을 보여야 할 것이다.

이어서 조식은 그가 조정에 나아가기를 두려워하는 이유를 장황하고 격렬하게 토로하고 있다. 그 첫째 이유는 그가 학덕이 부족하여 조정에 나갈 자격이 없다는 것이었다. 즉 "지금 신의 나이가 60에 가깝지만 학술(學術)이 거칠어 문장은 과거시험의 병과(丙科) 반열에 뽑히기에도 부족하고 행실은 청소하는 일을 맡기에도 부족합니다. 그리고 10여 년에 세 번이나 과거에 낙방하고 물러났으니 당초부터 과거 공부를 일삼지 않은 것이 아닙니다. 설사 과거를 탐탁하게 여기지 않았다 하더라도 성질이 조급하고 마음이 좁은 평범한 사람에 불과할 뿐이고 크게 일할 수 있는 온전한 인재는 아닙니다. 더구나 사람의 선악이 결코 과거를 구하느냐 구하지 않느냐에 달려 있는 것이 아니지 않습니까? 미천한 신이 분수에 넘치는 헛된 명성으로 집사(執事)를 그르쳤고, 집사는 헛된 명성을 듣고서 전하를 그르쳤는데, 전하께서는 과연 신을 어떤 사람이라고 여기십니까? 도가 있다고 여기십니까? 문장에 능하다고 여기십니까? 문장에 능한 자가 반드시 도가 있는 것이 아니며 도가 있는 자가 반드시 신과 같지는 않다는 것을 전하께서만 모르신 것이 아니라 재상(宰相)도 모른 것입니다. 그 사람 됨됨이를 알지 못하고 기용하였다가 뒷날에 국가의 수치가 된다면 그 죄가 어찌 미천한 신에게만 있겠습니까? 헛된 이름을 바쳐 몸을 파는 것보다는 곡식을 바쳐 벼슬을 사는 것이 낫지 않겠습니까? 신은 차라리 제 한 몸을 저버릴지언정 차마 전하를 저버리지 못하겠으니, 이것이 나아가기 어려워하는 첫째 이유입니다."라고 하였다.[260]

이처럼 조식은 학덕이 부족한 사람이 벼슬을 하는 것은 임금을 저버리

---

260. 『명종실록』 권 19, 10년 11월 경술.

는 것인데, 헛된 명성만 있는 자기는 차마 임금을 저버릴 수가 없으므로 관직을 받지 않겠다는 것이었다. 당시에 대유학자로 칭송받던 그가 학덕이 부족하여 벼슬을 할 수 없다는 것은 지나친 겸양의 표현일 뿐 사퇴의 진짜 이유는 아니었다. 그가 벼슬을 마다한 진정한 까닭은 임금이 어리석고 조정이 썩었기 때문이었다.

3) 정치에 대한 인식

(1) 명종조의 정치에 대한 비판

조식이 관직을 사퇴하려는 또 하나의 이유는 어지러운 정치판에 끼어들기 싫다는 것이었다. 그러면서 그는 명종조의 정치를 다음과 같이 격렬하게 비판하였다. "전하(명종)의 국사(國事)가 이미 잘못되고 나라의 근본이 이미 망하여 천의(天意)가 이미 떠나갔고 인심도 이미 떠났습니다. 비유하자면, 마치 1백년 된 큰 나무에 벌레가 속을 갉아먹어 진액이 다 말랐는데 회오리 바람과 사나운 비가 언제 닥쳐올지를 전혀 모르는 것과 같이 된 지가 이미 오래입니다.

조정에 있는 사람 중에 충의(忠義)로운 선비와 근면한 양신(良臣)이 없는 것은 아니지만, 그 형세가 이미 극도에 달하여 미칠 수 없으므로 사방을 돌아보아도 손을 쓸 곳이 없음을 이미 알고 있습니다. 소관(小官)은 아래에서 히히덕거리면서 주색(酒色)이나 즐기고, 대관(大官)은 위에서 어물거리면서 오직 재물만을 불립니다. 백성들의 고통은 아랑곳하지 않으며, 내신(內臣)은 후원하는 세력을 심어서 용을 못에 끌어들이듯이 하고, 외신(外臣)은 백성의 재물을 긁어들여 이리가 들판에서 날뛰듯이 하면서도, 가죽이 다 해지면 털도 붙어 있을 데가 없다는 것을 알지 못합니다. 신은 이 때문에 깊이 생각하고 길게 탄식하며 낮에 하늘을 우러러본 것이 한두 번이 아니며, 한탄하고 아픈 마음을 억누르며 밤에 멍하니 천장을 쳐다본 지가 오래되었습니다.

자전(慈殿)께서는 생각이 깊으시지만 깊숙한 궁중의 한 과부(寡婦)에 지나지 않으시고, 전하께서는 어리시어 단지 선왕(先王)의 한낱 외로운 후사(後嗣)에 지나지 않습니다. 그러니 천백(千百) 가지의 천재(天災)와 억만(億萬) 갈래의 인심(人心)을 무엇으로 감당해 내며 무엇으로 수습하겠습니까? 냇물이 마르고 곡식이 내렸으니 그 재변(災變)의 조짐이 어떠합니까? 음악 소리가 슬프고 흰옷을 즐겨 입으니, 소리와 형상에 조짐이 벌써 나타났습니다. 이러한 시기를 당해서는 비록 주공(周公)이나 소공(召公)과 같은 재주를 겸한 자가 정승의 자리에 있다 하더라도 어떻게 하지 못할 것인데, 더구나 초개같은 한 미신(微臣)의 재질로 어찌하겠습니까? 위로는 위태로움을 만에 하나도 지탱하지 못할 것이고, 아래로는 백성을 털끝만큼도 보호하지 못할 것이니 전하의 신하가 되기가 어렵지 않겠습니까? 변변찮은 명성을 팔아 전하의 관작(官爵)을 사고 녹을 먹으면서 맡은 일을 하지 못하는 것은 또한 신이 원하는 바가 아닙니다. 이것이 나아가기 어려워하는 둘째 이유입니다."261

당시의 정치현실을 비판하는 논조가, 왕조시대에 어찌 감히 이런 말을 할 수 있었는지 의아할 정도로 참으로 위태위태하다. 요즈음 같은 민주주의 사회에서도 대통령을 함부로 비난하는 것은 대단한 용기가 아니면 참으로 어려운 일이 아닌가? 이것이야말로 막가자는 것이었다. 조식은 부레이크 풀린 자동차처럼 겁없이 돌진하여 임금과 신하들을 사정없이 두들겨 팼다. 임금의 정치는 하늘과 인심도 떠나갈 정도로 망가졌고, 신하들은 신하들대로 위아래 가릴 것 없이 모두 썩어 문드러졌다는 것이었다. 예나 지금이나 관리들의 부정은 정말 말리는 성질의 것인 모양이다. 조식은 당시의 관리들이 "공사(公事)를 받들 생각은 하지 않고 오직 자신의 이익만을 일삼으면서 아무 것도 하는 일없이 세월을 보낸다."라고 비판하고 있다.

261. 앞과 같은 조.

그는 여기에서 한 발 더 나아가 정말 건드리면 안 될 부분까지 건드리고 말았다. 임금의 모친으로서 어린 왕을 대신하여 수렴청정을 하고 있던 문정왕후를 정면으로 비난하고 나선 것이다. 문정왕후가 누구인가? 중종의 부인으로 천신만고 끝에 아들을 보위에 앉히고 여자임에도 불구하고 대권을 움켜쥐고 천하를 호령하던 여걸이 아니었던가. 그녀는 임금도 자기 말을 듣지 않으면 피가 나도록 종아리를 치던 호랑이 같은 여인이었다. 그녀를 비판하는 것은 바로 사직을 위태롭게 하는 것으로 대역에 버금가는 불충한 행위였다. 조식은 이런 문정왕후를 깊숙한 궁중의 한 과부에 지나지 않는다라고 평가절하 해버린 것이다. 이런 비난은 목숨을 걸지 않고는 감히 입 밖에 낼 수 없는 말이다. 조식은 그렇게 겁없는 선비였다. 이러한 태도는 우리의 공직자들에게 큰 귀감이 되어야 하리라 믿는다.

조식은 이어서 국방의 허술함도 준열하게 꾸짖었다. "그리고 신이 보건대, 근래 변방에 변이 있어 여러 대부(大夫)가 제때에 밥을 먹지 못합니다. 그러나 신은 이를 놀랍게 여기지 않습니다. 그것은 이 사건이 20년 전에 터졌을 것인데 전하의 신무(神武)하심에 힘입어 지금에야 비로소 터진 것이며 하루아침에 생긴 사고가 아니기 때문입니다. 평소 조정에서 재물로써 사람을 임용하여 재물을 모으고 백성을 흩어지게 하였습니다. 이에 마침내는 장수로서 적합한 사람이 없고 성(城)에는 군졸(軍卒)이 없게 되었습니다. 그러니, 적들이 무인지경에 들어오듯이 들어온 것이 어찌 괴상한 일이겠습니까. 이것은 또한 대마도(對馬島)의 왜(倭)가 적왜와 몰래 결탁하고 안내하여 만고에 무궁한 치욕을 끼친 것인데, 왕령(王靈)을 떨치지 못해서 담이 무너지듯 패하였습니다." 이 말은 일본인들이 삼포에 침입하여 난을 일으킨 것을 지적한 것인데, 적합한 장수가 없고 성에는 군졸이 남아있지 않아 속수무책으로 당했다는 것이었다.

그렇지만 이러한 변란은 외적인 것에 불과하고 진짜로 중요한 내적인 병의 치유는 임금의 마음에 달려있다고 경고하였다. "그러나 이와 같은 것

은 피부에 생긴 병에 불과하고 심복(心腹)의 병통은 못 됩니다. 심복의 병
통이란 결리거나 맺히며 찌르거나 막혀 상하가 통하지 못하는 것이니, 바로
이럴 때에 경대부(卿大夫)가 목구멍이 마르고 입술이 타도록 분주하게 수
고해야 하는 것입니다. 근왕병(勤王兵)을 불러 모으고 국사(國事)를 정돈하
는 것은, 구구한 정형(政刑)에 있지 않고 오직 전하의 한마음에 달려 있습니
다. 노심초사하여 큰 공을 세우는 그 기틀도 진실로 자신에게 달려 있을 뿐
입니다."라고 하였다.

또한 그는 임금이 좋아하는 것에 따라 나라의 존망이 달려있다고 하면
서 임금은 모름지기 덕치를 행하여 한다고 충고하였다. "모르겠습니다만,
전하께서 좋아하시는 바는 무슨 일입니까? 학문을 좋아하십니까? 풍류와
여색을 좋아하십니까? 활쏘기와 말달리기를 좋아하십니까? 군자를 좋아하
십니까? 소인을 좋아하십니까? 좋아하시는 바에 존망이 달려 있습니다. 진
실로 어느 날 척연히 놀라 깨닫고 분연히 학문에 힘을 써서 홀연히 덕(德)을
밝히고 백성을 새롭게 하는 도리를 얻을 수 있다면, 덕을 밝히고 백성을 새
롭게 하는 도리 속에는 만 가지 착함이 갖추어지고 백 가지 덕화(德化)도 이
로 말미암아서 나오게 됩니다. 이것을 들어서 시행하면 나라를 균평(均平)
하게 할 수 있고 백성도 교화시킬 수 있으며 위태로움도 편안하게 할 수 있
습니다. 그것의 요체(要諦)를 보존한다면 거울은 그대로 비추지 않음이 없
고 저울은 공평하게 달지 않음이 없으며 생각은 사특함이 없을 것입니다."
라고 진언하였다.

조식은 유학자이면서도 불교에 대해서 매우 호의적인 생각을 가지고
있었다. 그는 천리(天理)를 통달하는 데는 유교와 불교가 다를 바 없다고
다음과 같이 지적하였다. "불씨(佛氏)의 이른바 진정(眞定)이란 것은 다만
이 마음을 보존하는 것일 뿐이니, 위로 천리를 통달하는 데 있어서는 유교
와 불교가 한 가지입니다. 다만 인사(人事)를 행하는 데 있어 실지를 실천
하는 것이 없기 때문에 우리 유가가 배우지 않는 것입니다. 전하께서는 이

미 불도(佛道)를 좋아하십니다. 만약 불도를 좋아하는 마음을 학문을 좋아하는 데로 옮기신다면 이는 우리 유가의 일이니, 어찌 어렸을 때에 잃어버렸던 아이가 제집으로 돌아와서 부모·친척·형제·친구를 만나보는 것이 아니겠습니까?' 이처럼 그는 불교를 언급하면서 임금이 또한 불도를 좋아하고 있다고도 하였다.

마지막으로 조식은 임금에게 마음과 몸을 닦을 것을 당부하고 있다. "더구나 정사(政事)하는 것은 사람에게 달려 있으니 사람을 임용하는 것은 자신의 몸을 닦음으로써 하고 몸을 닦는 것은 도(道)로써 해야 하는 것입니다. 전하께서 사람을 등용하는 데 자신의 몸을 닦음으로써 하실 것 같으면 유악 안에 있는 사람 치고 사직(社稷)을 보위하지 않는 자가 없을 것이니, 아무 일도 모르는 소신 같은 자가 무슨 필요가 있겠습니까. 만약 사람을 헛된 명성만으로 등용한다면 잠자리 밖에는 모두 속이고 저버리는 무리일 것이니 주변 없는 소신 같은 자가 또 무슨 필요가 있겠습니까. 뒷날 전하께서 덕화를 왕도의 경지에 이르도록 하신다면 신도 마부의 말석에서나마 채찍을 잡고 마음과 힘을 다하여 신하의 직분을 다할 것이니, 임금을 섬길 날이 어찌 없겠습니까. 삼가 바라건대, 전하께서는 반드시 마음을 사로잡는 것으로 백성을 새롭게 하는 요체를 삼으시고, 몸을 닦는 것으로 사람을 임용하는 근본을 삼으셔서 지극한 이치를 세우도록 하소서. 지극한 이치가 지극한 이치로서의 구실을 못하면 나라는 나라로서의 구실을 못할 것입니다. 삼가 바라건대, 예찰(睿察)하소서."[262]

조식은 이와 같이 자기가 간곡히 당부한 것처럼 임금이 왕도의 경지에 이르게 되면 나와서 임금을 섬기겠노라고 하면서 상소를 끝마쳤다. 이러한 사직상소는 결국 당시의 정치현실을 격하게 비판하면서 그 시정을 촉구한 충정어린 고언이었던 것이다.

---

262. 『명종실록』권 19, 10년 11월 경술.

(2) 조식에 대한 평가

　　이러한 상소에 대하여 사관(史官)은 임금과 나라를 근심하는 마음이 절절히 베어있는 충언(忠言)이라고 다음과 같이 극찬하였다. "조식은 일사(逸士)로 시골에 있었다. 비록 작록(爵祿) 보기를 뜬 구름 같이 여겼지만, 오히려 임금을 잊어버리지 않았다. 정성스럽게 나라를 근심하는 마음이 언사(言辭)에 드러났고 간절하고 강직하여 회피하지 않았으니, 명성을 거짓으로 얻은 자가 아니라고 할만하다. 세도(世道)가 쇠미해져서 염치가 모두 상실되고 기절(氣節)이 쓸어버린 듯하여, 유일이란 이름을 칭탁하고 공명(功名)을 낚는 자가 참으로 많은데, 어질도다. 조식이여! 몸가짐을 조심스럽고 조촐하게 하며 초야(草野)에서 빛을 감추었지만 난초와 같은 향기는 저절로 알려지고 명망은 조정에 진달되어, 이미 참봉에 차임되고 또 주부에 임명된 것이 두 번 세 번에 이르렀지만 이미 모두 머리를 저으며 거절하였다. 지금 이 수령의 직임은 영광이라고 이를 만하여 특별히 제수한 은혜는 드물다고 이를 만한데도, 가난한 것을 편안히 여기고 스스로 도(道)를 즐기면서 끝까지 나아가려고 하지 않았으니, 그 뜻을 높이 살만하다. 그러면서도 세상의 일을 잊어버리는 데 과감하지 못하여 상소를 올려 의(義)를 지키며 당시의 폐단을 극력 논하였는데 사연이 간절하고 의리가 강직하였으며, 시대를 걱정하고 변란을 근심하여 우리 임금을 덕을 밝히고 백성을 새롭게 하는 곳으로 인도하려고 하였으며, 풍속과 교화가 왕도(王道) 정치의 경지에 도달되기를 바랐으니, 나라를 근심하는 그 정성이 지극하다. 아! 마침내 뜻한 바를 대궐에 진달은 하였지만 은거하던 곳에서 일생을 마쳤으니 그 마음은 충성스럽고 그 절개는 고상하다. 오늘날과 같은 때에 이와 같이 염퇴(恬退)한 선비가 있는데, 그를 높여 포상하거나 등용하지는 않고 도리어 그를 공손하지 못하고 공경스럽지 못하다고 책망하였다. 그러니 세도(世道)가 날로 떨어지고 명절(名節)이 땅에 떨어진 것이 당연하며, 위망(危亡)의 조짐이 이미 이루어진 것이다."[263] 이처럼 사관은 조식의 상소가 임금과 백성을 위한 마음에서 우러나온 것으로서 당시의 폐단을 간절하고 강직하게 논하였다고 찬사를 아끼지 않았던 것이다.

　　사관의 긍정적인 평가와는 달리 상소가 올라간 직후 조야의 여론은 벌집을 쑤셔놓은 듯이 떠들썩하였다. 제일 먼저 펄쩍 뛴 사람은 바로 명종이었다. 조식의 상소가 들어가자, 임금은 다음과 같은 전교를 승정원에 내려 불편한 심기를 그대로 드러내었다. "지금 조식의 상소를 보니, 비록 간절하고 강직한 듯하기는 하나 자전에 대해 공손하지 못한 말이 있으니, 군신(君臣)의 의리를 모르는 듯하여 매우 한심스럽다. 승정원에서는 이와 같은 소를 보았으면 신자(臣子)의 마음에 마땅히 통분하며 처벌을 주청했어야 할 것인데 평안한 마음으로 펼쳐 보고 한 마디도 그것을 아뢰지 않았으니, 더욱 한심스럽다. 이런 사람을 군신의 명분을 안다고 하여 천거했는가? 임금이 아무리 어질지 못하더라도 신자로서 어찌 차마 욕설을 하는가? 이것이 현인·군자가 임금을 사랑하고 윗사람을 공경하는 일이겠는가? 곡식을 바치게 하고 벼슬에 보임(補任)하는 것은 비록 아름다운 일은 아니라 하더라도 옛날에도 있었으니, 그것은 반드시 백성의 생명을 소중하게 여긴 것이다. 요즈음에는 고매한 명성만 숭상하는데, 백만(百萬)의 생령(生靈)이 모두 굶어 죽더라도 앉아서 보기만 하고 구원하지 않아야 하겠는가? 그리고 내가 부처를 좋아한다고 하였는데, 내가 학식이 밝지 못해 비록 덕을 밝히고 백성을 새롭게 하는 공부는 하지 못한다 하더라도, 어찌 불교를 좋아하고 숭상하는 데야 이르겠는가? 비록 그렇다고 하더라도 이와 같은 말들은 오히려 가납(嘉納)할 수 있다. 그렇지만 공손치 못한 말이 자전에게 관계되는 것은 매우 통분스럽다. 군상(君上)을 공경하지 않은 죄를 다스리고 싶으나 일사(逸士)라고 하므로 내버려두고 묻지 않겠다. 이조로 하여금 속히 개차(改差)하도록 하라. 나의 부덕(不德)을 헤아리지 못하고 대현(大賢)을 굽

263. 앞과 같은 조.

혀 조그마한 고을에다 두려고 하였으니, 이것은 내가 불민(不敏)한 탓이다. 승정원에서는 이를 자세히 알도록 하라." 이처럼 임금은 격노하여 문정왕후를 과부라고 한 것은 군신의 의리를 모르기 때문이며, 자기를 어질지 못하다고 한 것은 욕설을 한 것이라고까지 비난하였다. 임금은 또 자기가 불교를 좋아한다고 한 것도 잘못이라고 하면서, 이러한 상소를 임금에게 그대로 올린 승정원을 질책하였다. 나아가 임금을 공경하지 않은 죄로 조식을 다스리고 싶지만 차마 그럴 수는 없으니 속히 임용을 취소하라고 명하였다.

명종은 이러한 전교에도 성이 차지 않았는지, 곧 이어서 다음과 같은 전교를 다시 내렸다.

"상소의 내용 중에 '자전께서 생각이 깊으시나 깊숙한 궁중의 한 과부에 지나지 않는다.' 고 하였는데, 이것은 공손하지 못한 말이며 '전하의 신하되기가 또한 어렵지 않겠는가.' 라고 하였는데, 이것도 공손하지 못한 말이다. 그리고 '음악 소리는 슬프고 흰옷을 입기를 즐기니 소리와 형상에 조짐이 벌써 나타났다.' 고 하였는데, 이것이 바로 불길한 말이다." 라고 하여 조식이 문정왕후를 과부라고 한 것과 임금의 신하되기가 어렵다고 한 말을 또다시 비난하였다.[264]

이러한 임금의 전교에 대하여 사관은 또한 다음과 같이 비판하였다. "조식의 상소에 답하지 않았을 뿐만 아니라, 도리어 엄중한 말을 내려 승정원에서 처벌할 것을 주청하지 않았음을 책망하였으니, 언로(言路)가 막히게 된 것이 이로부터 더욱 심해졌고 성덕(盛德)에 누(累)가 됨이 이로 말미암아 더욱 커졌다. 온 나라의 선비들이 임금이 무엇을 좋아하고 무엇을 싫어하는지를 알아서 장차 아첨하며 윗사람의 명령을 그대로 따르기만 하게 될 것이니, 뒷날에 비록 위망(危亡)의 화가 있더라도 누가 기꺼이 그것을 말하려 하겠는가? 임금의 말이 한 번 나오면 사방에 전해지는데 관계된 것이

---

264. 앞과 같은 조.

어찌 중대하지 않겠는가. 그런데 전교가 이와 같으니 이는 바로 온 나라 사람들의 입을 막아서 감히 말을 못하도록 한 것이다. 애석하다." 이처럼 사관은 명종이 조식의 상소에 답하지도 않고 오히려 승정원을 책망하였기 때문에 언로가 막히게 되었다고 비판하였다.

사관은 이어서 임금을 또다시 비난하였다. 즉, "조식은 오늘날 유일 중에서 가장 어진 사람이다. 재능이 뛰어나고 행실이 깨끗하며, 또 학식도 있다. 초야에서 가난하게 살았으나 영리(榮利)를 생각하지 않았고, 여러 차례 불렀지만 나오지 않고 그 뜻을 고상하게 하였다. 비록 수령으로 임명되는 영광에 부임하지는 않았으나, 오히려 나라를 근심하는 마음을 가지고 곧은 말로 상소를 올려 당시의 폐단을 바로 지적하였으니, 이 어찌 군신의 의리를 모르는 사람이겠는가. '자전은 깊숙한 궁중의 한 과부이다.' 라고 한 말은, 조식이 새로 지어낸 것이 아니고 선현(先賢)의 말을 인용하여 글을 지은 것이니, 이것이 어찌 공손하지 못한 말이겠는가. 포상하여 장려하지는 않고 견책하기를 매우 엄중히 하였는데, 이것은 보필하고 인도하는 사람 중에 적합한 자가 없어 학문이 넓지 못해서 그렇게 된 것이다. 정승의 직임에 있는 자도 잘못을 바로잡아 그것을 해결하지 못하여 조식과 같이 현명한 사람이 등용되지 못하고 초야에 버려졌다. 진언(進言)하는 길이 막히고 현인(賢人)을 불러들이는 일이 폐기되었으며 다스리는 도(道)가 없어졌으니, 세도(世道)가 야박해진 것이 어찌 괴이하겠는가."[265]라고 하여 조식을 두둔하면서 그의 상소를 가납(嘉納)하지 않은 것은 임금을 보필하는 신하의 잘못 때문이라고 지적하였다.

조식의 상소를 그대로 올린 것에 대하여 책망을 들은 승지들은 감사가 올렸기 때문에 어쩔 수 없이 입계(入啓)하였다고 변명하면서 그 책임을 감사에게 떠넘겼다. "신들이 조식의 상소를 보고 또한 미안스러운 사연이 있

---

265. 앞과 같은 조.

는 것을 알았지만, 그 도의 감사가 이미 접수하여 올려 보냈기에 정원에서
는 어쩔 수 없이 입계하였습니다. 다만 입계할 때에 미안스럽다는 뜻을 아
울러 진달했어야 하는데, 신들이 망령되게 헤아리기를, 이는 바로 초야사람
이어서 글을 짓는 즈음에 공손하지 못한 데에 관계된다는 것을 깨닫지 못한
것이니, 이와 같이 광망(狂妄)된 말은 진실로 따질 것이 못된다고 여겼기 때
문에 아뢰지 않았습니다. 지금 전교를 받고 황공함을 견디지 못하여 대죄
(待罪)합니다.”라고 하였다. 이와 같이 당시의 승지들은 감사에게 잘못을
돌리면서 조식의 말을 광망되다고 평가절하였던 것이다.[266]

이처럼 승지들은 자기들의 책임을 모면하려고 조식을 비난하였으나,
당시의 여론은 대부분 조식을 지지하고 있었다. 시강관 정종영(鄭宗榮)이
임금에게 아뢴 바에 의하면, “엄광(嚴光)과 주당(周黨)은 모두 고상한 선비
입니다. 한(漢)나라 광무제(光武帝)가 엄자릉(嚴子陵)을 친구로 대우했으
니, 엄자릉이 광무제의 배에 그의 발을 올려놓은 것은 당연한 것입니다. 그
러나 주당의 경우는 군신(君臣)의 분수가 있는데도 부복(俯伏)하기만 하고
배알(拜謁)하지 않았는데, 박사(博士) 범승(范升)이 ‘빛난 이름을 얻으려는
것으로 인신(人臣)의 예의가 없다.’고 하자, 광무제가 ‘옛날의 성제(聖帝)
나 명왕(明王)도 모두 복종하지 않는 신하를 두었다.’라고 하면서, 그에게
상(賞)을 주었기 때문에 선비의 기개가 더욱 흥기되어 청수(淸修)한 선비가
많았었습니다. 그러므로 한나라 말엽에 간웅(奸雄)들이 주위에서 엿보았지
만 감히 어쩌지 못한 것은 청의(淸議)가 그것을 부지(扶持)하였기 때문이었
습니다. 그러니 조식의 상소가 이와 같은 것은 국가의 복(福)입니다.”라고
하여 한나라의 예를 들면서 조식의 상소야말로 국가의 복이라고 하였다.
또한 정언 이헌국(李憲國)도, “위에서 직언(直言)하는 길을 열고 유일의 선
비를 장려하셨는데, 이와 같은 일은 조종조에서도 드물었습니다. 지난번에

<hr>

266. 앞과 같은 조.

경연에 나아가는 것이 드물다는 뜻으로 승정원에 전교하기를, '군신 사이는 정의가 부자(父子)와 같다.' 고 말씀하셨습니다. 그러나 신자(臣子)가 상의 뜻을 믿지 않고 시속(時俗)에서 모두 말하기를 꺼리니, 이것으로 보건대 뒷날 비록 찬탈(篡奪)하는 화(禍)가 있더라도 임금의 녹을 먹는 자로서 누가 기꺼이 임금을 위하여 말을 하겠습니까? 대저 진언하는 도는 안팎이 다릅니다. 조정에 있는 신하인 경우에는 그 말이 여유있고 부드러워야 합니다. 조식과 같은 자는 거칠고 예의를 모르는 선비로서, 옛사람의 글만 알기 때문에 그 말이 곧기만 하고 꾸밈이 적은 것입니다. 젊어서부터 옛사람의 글을 읽은 자가 어찌 군신의 의리를 모르겠습니까. 상께서, 자전은 생각이 깊으나 깊숙한 궁중의 한 과부에 지나지 않는다는 말이 공손치 못한 말이라고 여기시는데, 옛날 구양수(歐陽修)가 황태후를 한 사람의 부인(婦人)이라고 하였지만 태후는 그를 처벌하지 않았습니다. 그리고 조식은 시사(時事)가 날로 글러지는 것을 보고 주상이 위에서 고립되어 백성의 실정을 들을 수 없을까 두려워하였던 것입니다. 그러므로 그는 벼슬을 하더라도 어떻게 할 수가 없을 것이라고 생각하고서 '전하의 신하가 되기가 어렵지 않겠는가.' 라고 쓴 것인데, 이것은 전하를 업신여긴 것이 아닙니다. 이와 같은 말에 대해 항상 두려워하는 마음을 더하신다면 그것도 국가의 복입니다. 조정에 가득한 신하로서 누가 국가의 은혜를 입지 않았겠습니까? 국가의 은혜 속에서 살아가고 국가의 은혜 속에서 죽는데도 오히려 기꺼이 말을 다하려 하지 않습니다. 조식은 초야의 일개 선비로서 비록 목숨을 잃게 되더라도 후회하지 않을 각오로 이와 같은 말을 하였는데, 전교에 그 공손치 못한 죄를 심하게 책망하셨습니다. 승정원은 후설(喉舌)의 지위에 있으니, 출납(出納)을 합당하게 해야 되며, 전지(傳旨)를 공손히 받드는 일만을 직분으로 삼아서는 안 됩니다. 전교를 받은 뒤에도 가납하는 것이 옳다는 뜻을 당연히 아뢰었어야 하는데, 허물을 감사에게 돌렸습니다. 앞으로는 감사가 틀림없이 상소를 받지 않아 아랫사람의 실정이 전달되지 않을 것이니, 이는 승정원에서 막았기 때문입니다. 말 한 마디가 나라를 일으킬 수도 있고 나라를 잃게 할 수도 있는데, 종사(宗社)가 흥하고 망하는 것이 여기에 달려 있습니다. 승정원이 한 번 잘못하여서 그것이 사책(史冊)에 기록되어 후세에 불미스러운 것이 전해지게 되었으니 그 임무를 살피지 못하였다고 할 만합니다.”라고 하여 조식이 목숨을 걸고 상소를 한 것은 나라의 복이 될 수도 있다고 하면서 임금과 승지들을 싸잡아 비난하였다.

이러한 강직한 간언을 들은 명종은 강경한 입장에서 한 발 후퇴하지 않을 수 없었다. 그리하여, “내가 계교와 사려가 얕고 학식이 본래 없기 때문에 사리를 모른다. 그러나 군신 상하의 분수는 신자가 당연히 알아야 할 것이다. 아무리 유일의 선비라 하더라도 그 의리를 알지 못할 것 같으면 어찌 현명한 사람이라고 할 수 있겠는가. 그 말이 공손하지 못한 데에 관계된다면 신자가 마땅히 처벌을 주청해야 할 것이다. 그렇게 하지 않으면 조정에서도 군상(君上)을 공경하지 않는 조짐이 싹틀 것이다. 만약 그 상소의 내용을 옳다고 한다면 이것도 올바르지 못한 의논이다. 그러나 조식을 일사(逸士)로 여기기 때문에 너그러이 용납하고 죄를 다스리지는 않는다.”라고 하지 않으면 안되었다. 이런 말을 할 때에 임금이 대단히 노여워했기 때문에 안색이 온화하지 않고 음성도 고르지 않았다고 한다.[267] 속으로는 조식을 당장이라도 처벌하고 싶은데 신하들의 반대로 그렇게 하지는 못하는 명종의 분노가 보이는 듯하다.

⑶ 선조조의 정치에 대한 비판

명종이 승하하고 선조(宣祖)가 즉위한 뒤에도 조식의 준엄한 비판은 이어졌다. 선조가 보위에 오르자마자 두 번이나 불렀으나 사양하고 올라오지 않은 채 단지 구급(救急)이라는 두 글자를 올려 그것으로 나라를 일으킬 한

---

267. 『명종실록』 권 19, 10년 11월 신해.

마디 말로 자기 몸 대신 바친다고 하면서 상소하기를, "지금 나라의 근본이 무너지고 온갖 폐단이 극에 달하여 대소 관료들이 불에 타고 물에 빠진 자를 구하듯 서둘러 손을 쓰더라도 지탱하지 못할 것 같은데, 한갓 허명(虛名)만을 일삼고 논란만을 하고 있어 명(名)이 실(實)을 구제하지 못하는 것이 마치 그림의 떡이 주린 배를 채워주지 못하는 것과 마찬가지입니다. 바라건대 완급(緩急)과 허실(虛實)을 분간하여 조치를 취하소서."라고 하여 나라의 근본이 무너지고 폐단이 극에 달하였다고 하면서 이를 바로잡지 못하고 있는 신료들을 비난하였다.[268]

그가 이듬해에 올린 봉사(封事)에는 더욱 대담한 비판이 담겨있었다. "신이 전일에 아뢰었던 구급(救急)이라는 말에 대하여 아직 천의(天意)가 감동되었다고 들은 바 없습니다. 그야 응당 늙은 유생들이 곧은 체하는 말이라 여겨 생각이 움직여지지 않은 것일 것입니다. 그러나 그 도철을 밟지 않고는 달리 갈 만한 길이 없습니다."라고 하여 지난해에 그가 지적한 폐단이 시정되지 않았음을 지적하였다. 이어서 그는 서리(胥吏)들의 간악함과 기만성에 대하여 극언을 서슴치 않았다. "당당한 천승(千乘)의 나라가 2백 년 조종(祖宗)의 대업을 이어받아 공경(公卿)·대부(大夫)들이 성대한데도 정치가 대예(臺隸)들 손에 쥐어져 있으니 이는 소의 귀에도 들려줄 수 없는 창피한 일입니다. 윤원형(尹元衡)의 세력도 조정이 바로 잡았었는데, 하물며 죽일 가치도 없는 여우·살쾡이·쥐새끼 같은 무리들이겠습니까."라 하여 서리들을 여우나 쥐새끼 같은 무리들이라고 하면서 그들의 폐해를 바로잡을 것을 촉구하였다.[269]

그의 강직한 비판은 선조 4년(1571) 3월에 임금이 하사하는 곡식을 거절한 것을 통해서도 잘 엿볼 수 있다. 당시에 그는 곡식을 거절하면서 "전

---

268. 『선조수정실록』권 1, 즉위년 10월 병술.
269. 『선조수정실록』권 2, 1년 1월 신해.

하, 국사는 이미 글러져 하나도 믿을 것이라고는 없습니다. 신이 누차 소장을 올렸으나 시행되지 않았으니, 다시 '군의(君義)' 라는 두 글자를 바칠까 합니다." 라는 상소를 올렸다.[270]

나라와 백성을 위하여 직언을 서슴치 않는 조식의 강직한 성품은 선조 4년 5월에 올린 상소에서도 여실히 드러나고 있다. 이 때 흉년이 크게 들자 선조 임금이 조식에게 또 곡식을 하사하였는데, 그는 임금이 곡식을 하사한 것을 감사하면서 시사(時事)에 대하여 전과 같이 서슬퍼런 경계의 상소를 올렸던 것이다. 즉, "조봉대부(朝奉大夫) 전수종친부전첨(前守宗親府典籤) 신 조식은 참으로 황공하옵게 머리를 조아리고 주상 전하께 사은(謝恩)을 올립니다. 삼가 지난 4월에 신에게 곡식을 하사하는 분부를 받들었습니다만 신같이 어리석고 늙은 자가 어떻게 천총(天寵)을 받을 수 있겠습니까. 삼가 생각하건대, 천일(天日)은 구중(九重)에 있어 초택(草澤)과는 천리나 멀리 떨어져 있지만 백성을 걱정하는 은택은 멀어도 미치지 않는 곳이 없어서 먼저 노신(老臣)에게 이르렀으니, 신은 결초보은(結草報恩)으로도 다 보답키 어렵습니다. 혼자 생각에 선비가 길에 버려져 있음은 군왕의 수치라 여겼는데, 전하께서는 그 걱정을 홀로 맡으셨으니 신의 사사로운 감사의 뜻을 이루 감당하지 못하겠습니다. 비유하면 풀 한 포기가 비를 맞아 살아났으나 우러러 천공(天工)에게 어떻게 감사할 도리가 없는 것과 같습니다만, 오히려 구구한 작은 정성으로 우러러 사은함을 그만두지 못하는 것은, 성상께서 이미 혜선(惠鮮)의 성은을 내리셨으니 보잘것없는 신인들 근폭(芹曝)을 드림이 없을 수 있겠습니까. 옛말에 '말에는 대답이 없을 수 없고 덕은 반드시 보답을 받는다.' 하였으므로, 삼가 한 말씀 올려 전하의 특별한 은혜에 대한 보답으로 삼으려 합니다. 삼가 살피건대, 전하의 국사(國事)는 이미 그릇되어 한 가닥이라도 손 쓸 곳이 없어 여러 신료들과 백공(百公)들이

270. 『선조수정실록』권 5, 4년 3월 임술.

둘러서서 바라보기만 할 뿐 구하지를 못하고 있습니다. 이들은 이미 어떻게 할 방법이 없음을 알고 '어떻게 할까?' 하는 걱정을 하지 않은 지 오래 되었습니다. 전하께서 보고도 모르셨다면 전하의 밝으심에 가리운 것이 있어서이고, 알고도 생각을 하지 않으셨다면 이는 나라에 주인이 없는 셈입니다. 왕년에 신이 두 번이나 상소하여 '헤아릴 수 없는 위엄을 떨치지 않고는 수백 갈래로 흐트러진 형세를 바로잡을 수 없고 큰비를 내려 적셔주지 않고서는 7년 가뭄의 시든 풀에 도움을 줄 수 없다.' 고 하였는데, 많은 세월이 지난 지금까지 전하께서 급히 은위(恩威)를 내려 기강을 확립했다는 말을 듣지 못하였습니다. 위복(威福)이 당신에게 있는데도 이를 총람하지 못하고 오히려 신하들이 강하다는 분부를 내려 함부로 말을 하지 못하게 하니, 아랫사람들은 만사에 해이되어 그저 방관만 하고 있을 뿐이어서 나라가 망할 지경에 이르렀습니다. 노신은 우로(雨露) 같은 은혜에 감사할 뿐 전하의 미흡한 점을 보좌할 길이 없습니다. 이에 '군의'(君義) 두 글자를 올려 몸을 닦고 나라를 다스리는 근본으로 삼으시기를 바라니, 굽어 살피소서. 신 조식은 머리 조아려 죽음을 무릅쓰고서 사장(謝狀)을 올립니다.”[271]라고 하였다.

　　이처럼 그는 임금의 국사가 그릇되어 손쓸 수가 없고, 신하들은 어떻게 할 방도를 알지 못하여 나라가 망할 지경에 이르렀다고 한탄하고 있다. 이러한 상소에 대하여 선조는 전날 명종이 노했던 것과는 달리, “올린 소장(疏章)을 살피건대, 그대가 나라를 걱정하는 정성은 초야에 있으면서도 조금도 잊지 않고 있으니, 매우 가상하다. 하사한 물품은 보잘것없는 것이니 사례할 것이 뭐 있겠는가. 그대는 염려하지 말라.” 라는 온건한 답서를 내렸다.

[271]. 『선조실록』권 5, 4년 5월 병자.

4) 왕도(王道)에 대한 견해

조식은 거듭거듭 내려지는 관직을 모두 사퇴하였으나, 평생에 딱 한 번 대궐에 나와 임금을 뵙고 자기의 생각을 피력한 적이 있다. 그것은 명종 21년(1566) 10월의 일로 임금의 간곡한 당부를 차마 거절하지 못하고 함께 유일로 천거되었던 김범(金範)과 함께 올라와서 임금의 면전에서 역시 직언을 하였다. 이때에는 여러 번 간곡한 부름을 받았으므로 마지못하여 올라왔던 것이다.

사정전에서 조식을 맞이한 임금은 "불민한 내가 외람되이 신민(臣民)의 주인이 되어 비록 어진이를 좋아하는 정성은 모자라나 어찌 어진이를 구하고 싶은 뜻이야 없겠는가. 이제 말세를 당하여 경서(經書)에 밝고 행실이 닦여진 반열에 참여되었으니 어찌 귀하지 않을 수 있겠는가. 내가 이 때문에 아름답게 여긴다. 고금의 치란(治亂)과 세도(世道)의 청탁, 나라를 다스리는 방법과 학문을 하는 방법, 가언(嘉言)과 선정(善政)에 대해 듣고 싶다. 숨김없이 모두 말하라."라고 하여 정치의 도리 등에 대하여 듣고자 한다는 뜻을 표하였다.

그러자 조식은 아뢰기를, "군신(君臣) 간에는 상하의 정(情)이 틈이 없어야 참된 마음으로 서로가 미덥게 되는 것입니다. 위에서 마음을 열고 말을 받아들임에 있어 먹은 마음을 없이하여 중문을 활짝 열어젖히듯 하신다면, 신하들도 마음을 다하고 힘을 다하여 신하로서의 도리를 다할 수 있을 것이며, 위에서도 현부(賢否)를 똑똑히 꿰뚫어 보아 거울처럼 밝게 인재를 판별할 수 있게 될 것입니다. 이렇게 상하가 사리를 강명(講明)하여 정의(情意)가 서로 통하는 이것이 바로 출치(出治)의 근본인 것입니다."라고 하면서 임금이 마음을 활짝 열고 정으로 신하들을 대하는 것이야말로 정치의 근본이라는 점을 역설하였다.

이어서 그는 "신은 먼 곳에 있어서 시사(時事)를 잘 알지 못합니다. 그러나 수십 년 간의 일을 직접 보건대, 군민(軍民)이 물 흐르듯 떠나서 마을

이 텅 비었습니다. 지금을 위한 계책은 마땅히 불난 집처럼 해야 할 것인바, 여러 사람이 함께 서둘러 구제해도 오히려 미치지 못할 수가 있는 것입니다. 위에서 늘 진념(軫念)하고 계신다 하더라도 폐단은 오히려 전과 같으니, 신은 감히 잘은 모르겠습니다만, 신하들이 위의 뜻을 잘 받들지 못해서 그런 것입니까? 아니면 위에서 혹 옳은 말을 받아들이지 않으셔서 그런 것입니까? 신하가 서로 합심하여 국사(國事)에 힘쓰는 도리가 어떠한 것이기에 이렇게 한단 말입니까? 임금의 학문은 출치(出治)의 근본이므로 스스로 터득하는 데에 귀함이 있는 것입니다. 따라서 한갓 청강(聽講)만 하실 뿐이라면 이익될 것이 없습니다. 평소에 서사(書史)를 보시면서 반드시 스스로 터득하시도록 해야 됩니다.”하면서 국사(國事)의 문제점을 지적한 뒤 임금이 학문을 함에 있어서는 스스로 터득하는 것이 중요하다고 충고하였다.

그가 서울에 오자 사대부들이 다투어 그의 집으로 몰려들었는데, 사람들이 무엇을 물어도 모두 대답하지 않았으므로 사람들이 그의 학식의 깊이를 알 수가 없었다고 한다. 그는 임금을 알현한 뒤에 즉시 고향으로 돌아갔다.[272]

지금까지 살펴본 것처럼 조식은 권력과 명예를 멀리하고 초야에 묻혀 학문과 제자양성에만 전념하였으나, 나라에 대한 걱정은 그 누구 못지않아 때때로 강경한 상소 등을 올려 잘못된 정치를 비판하면서 그것을 바로 잡을 방책을 제시하기도 했던 것이다.

3. 서경덕(徐敬德)

화담(花潭) 서경덕(1489, 성종20~1546, 명종1)은 개성 사람으로서 황진

---

272. 『명종실록』 권 33, 21년 10월 갑자.

이(黃眞伊)·박연폭포와 더불어 송도삼절(松都三絶)로 잘 알려진 인물이다. 그는 한미한 가세(家世)와 가난에도 불구하고 총명한 자질을 바탕으로 어려서부터 스스로 학문에 힘썼고, 명산대천을 두루 유람하며 뜻을 넓혔다. 젊었을 때 부친의 명령으로 과거의 소과에 응시하여 진사에 올랐으나, 곧 대과 공부를 포기하고 다시는 응시하지 않았다. 과거 공부를 버린 후 화담 곁에 집을 짓고 조용하고 온화함을 즐기면서 학문에 전력을 기울였다.

그는 항상 자신의 생활을 만족하게 여겼으며, 세간의 득실(得失)·시비(是非)·영욕(榮辱)은 모두 관심 밖이어서 털끝만큼도 개의치 않았다. 또한 재물에 전혀 관심을 기울이지 않아 가난하였으므로 집에 자주 양식이 떨어졌다. 그러나 굶주림을 참아야 하는 괴로움은 견디기 어려운 것이었지만 늘 태연하였다. 어느 날 제자 강문우(姜文佑)가 쌀을 가지고 화담 못가에 앉아 있는 그를 찾아갔는데, 정오부터 저녁때까지 함께 학문을 토론하였지만 전혀 피곤한 기색이 없었다. 강문우가 부엌에 들어가서 그 집안 식구에게 물어 보니, 전날부터 양식이 떨어져서 밥을 짓지 못했다고 말하였다는 것이다.[273]

그는 스승 없이 혼자 스스로 공부하여 마침내 대학자가 되었다. 그의 학문은 오로지 궁리(窮理)와 격물(格物)을 요체로 하였는데, 며칠씩 묵묵히 앉아 이치를 탐구하기도 하였다. 그의 공부 방법은 자득(自得)과 깊은 사색을 위주로 하였다. 예를 들어, 하늘의 이치를 연구하려면 천(天) 자를 벽에 붙여놓고 연구하였고, 다 연구한 뒤에는 다시 다른 글자를 붙여놓고 차분히 생각하고 힘써 탐구하기를 밤낮을 가리지 않았다. 깊이 생각하고 힘써 연구하는 것은 다른 사람이 도저히 따를 수 없는 것이었다. 이처럼 그는 독서를 일삼지 않고 오로지 탐구와 사색만을 힘썼다. 그는 말하기를, "나는 스승을 얻지 못했기 때문에 공부하는 데에 많은 공력을 들였다. 그러나 후세

273. 『선조실록』 권 9, 8년 5월 기미.

사람이 나의 말을 따른다면 나와 같은 수고는 하지 않을 것이다."라 하였다.

그는 이치를 논함에 있어 대체로 장횡거(張橫渠), 즉 장재(張載)의 설을 주장했기 때문에 정자(程子)·주자(朱子)와는 약간 달랐으나, 자득(自得)에 대한 즐거움은 사람들이 헤아릴 수 없는 것이었다. 이리하여 "서경덕과 성수침은 동시에 함께 나온 사람인데, 학문의 공(功)은 서경덕이 더 깊으나 덕기(德器)의 중후(重厚)함은 성수침이 우위이다. 그러므로 논자들이 서로 우열을 나누고 있다."[274]라는 이이(李珥)의 말과 같이 그는 성수침과 우열을 다툴 정도의 대학자가 되었다.

서경덕은 유학에 정통했을 뿐 아니라 수학(數學)에도 조예가 깊었다. 이 당시의 수학은 오늘날의 수학이 아니라 인간의 미래나 운수를 예언하는 학문이었는데, 그가 수학에 능했던 사실은 선조와 신하들 간의 다음과 같은 대화에서 잘 드러나고 있다. 즉, 어느 날 선조가, "서경덕이 수학을 알았다고 하는데, 그런가?"라고 묻자. 대사헌으로 있던 성영(成泳)이 아뢰기를, "우리나라에서는 서경덕이 알았다고 합니다. 지난 번 중국 사신이 왔을 때 '그대 나라에 학자가 있는가?'라고 묻기에, 서경덕이 있다고 대답했는데, 그는 성리학에도 정통했지만 수학에 더욱 정통했다고 하였습니다."라고 대답했던 것이다. 서경덕 이전에는 윤광일(尹光溢)이라는 사람이 수학에 정통하였다고 한다. 이 때문에 중종 때 그를 등용하려고 하였으나 그가 서얼이었기 때문에 그렇게 하지는 못하였다. 서경덕 외에는 이황(李滉)이 수학을 약간 알았으며, 특히 명종 때의 학자 정염(鄭磏)이 서경덕에게 뒤지지 않을 정도로 수학에 능하여 인간의 미래를 잘 예언했던 것으로 알려져 있다.[275]

서경덕의 인품과 학문에 대하여 광해군 때의 정승 이항복(李恒福)이 평

---

274. 『선조실록』 권 9, 8년 11월 임술.
275. 『선조실록』 권 140, 34년 8월 계미.

한 바를 보면, "서경덕은 총명하고 고매한 자질을 가지고 학문의 분위기가 전혀 조성되지 않은 땅에 태어나 궁극에 이르러서는 학문적 자세를 견지하며 사색을 통해 지혜를 터득했다. 그야말로 한 번 발을 내딛어 도의 경지에 다다른 자라고 할 것이요, 또한 한때의 호걸지사(豪傑之士)라고 할 수 있다. 근세의 학자들은 스스로 터득한 경지가 있다고 대단하게 평가하면서 그를 이황과 병칭(竝稱)될 수 있는 인물로 보고 있다."라고 하였다.[276]

또한 같은 시대의 정승 심희수(沈喜壽)도 그를 높이 평가하였다. 즉, "신은 어렸을 때 교리 강문우에게 글을 배웠는데, 강문우가 늘 그의 스승인 화담 서경덕의 도덕과 학문을 탄복하며 말하기를 '선천적으로 자질이 고매하고 마음의 경지가 고명하여 실로 바람을 타고 번개를 채찍삼아 끝없이 두루 열람한 심오한 견식을 갖고 있었다.' 라고 하였습니다. 신은 지금도 어리석어 아는 것이 없는데 더구나 그때 어떻게 그가 어떠한 인물이었는지 살필 수 있었겠습니까. 그러다가 어른이 되면서 차츰 이 사람에 대해 선생과 장자들이 평하는 말을 얻어듣게 되었는데, 모두들 말하기를 '효제(孝悌)·충신(忠信)하였으며 청평(淸平)·순수(純粹)하였다. 스승에게 배운 일도 없이 개연히 스스로 분발하여 궁극에 이르러서는 학문의 자세를 견지하며 조금도 빠뜨리는 것이 없었다. 각고의 노력은 귀신도 감동시킬 만하였고, 높고 광대한 덕업(德業)은 독실하고 찬란하였다. 그리고 그의 여러 설을 보건대, 깊이 나아가 스스로 터득한 오묘한 경지를 보여주면서 전현(前賢)이 내놓지 못했던 학설을 제시하고 있으니, 사문(斯文)에 공을 세운 것이 크다 하겠다.' 고 하였으니, 우리나라의 유생들이 태산북두처럼 우러러 보며 이토록 오랫동안 숭앙해 온 것이 당연하다 할 것입니다."라고 하였다.[277]

이처럼 서경덕은 선비들의 추앙을 받았지만, 한편으로는 정통 성리학

276. 『광해군일기』 권 34, 2년 10월 신축.
277. 앞과 같은 조.

에서 벗어난 이단아라는 비판을 받기고 하였다. 그에 대한 부정적인 평가
는 대체로 "의심컨대 이 사람의 학문은 상수(象數)를 위주로 하는 듯한데
너무 지나치게 사색한 나머지 이단의 학설과 비슷하게 되었다. 일생동안
이 일에 힘을 쏟으면서 자신은 지극히 미묘한 경지를 깊이 연구했다고 생각
했을지 모르나, 끝내는 리(理) 자를 제대로 터득하지도 못한 채 기묘한 이야
기만 하며 서투른 지식 일변도로 떨어지는 결과를 면하지 못했으니, 성리학
의 제유(諸儒)의 설과 비교해 보면 서로 부합되지 않는 점이 상당히 많다."
라는 것이었다.[278]

어쨌든 그는 뛰어난 학덕으로 명망이 높았기 때문에 중종·명종 때 여
러 차례 천거를 받았다. 그가 처음으로 천거된 시기는 중종 35년(1540) 7월
이다. 이 때 문반 정3품 이상, 무반 2품 이상의 관원들에게 각각 유일을 천
거하라는 왕명이 내려져, 40여 명이 천거되었다. 당시에 생원이었던 서경
덕은 학문과 효행이 높다는 명목으로 한성부 판윤 김안국(金安國)에 의하
여 천거되었다.[279]

그는 천거된 후 후릉(厚陵) 참봉에 제수되었만, "내가 이제는 이미 늙었
는데 어찌 그런 일을 하겠는가."라 하며 끝내 나아가지 않았다. 그가 후릉
참봉에 취임하지 않자 조정에서는 결국 다른 사람으로 교체해야만 했다.
그는 관직을 거절하면서 다음과 같은 시를 지어 그의 뜻을 나타내었다.

> 글 읽던 당세에는 세상을 경륜하려 했더니
> 만년에는 안자(顔子)의 가난 도리어 즐기네
> 부귀에는 다툼 있어 손대기 어려우나
> 임천(林泉)에는 꺼림 없이 몸을 둘 만하거니
> 나물 캐고 고기 잡아 배를 채울 만하고

---

278. 앞과 같은 조.
279. 『중종실록』권 93, 35년 7월 을사.

달과 바람 읊조리어 정신 맑힐 만 하이
학문이 의심없는 경지에 이르러 쾌활하게 지내면
헛된 일생 되는 것을 벗어날 수 있으리.[280]

이처럼 그는 관직을 극구 사양하였지만, 당시의 세태는 관직을 사양하기는커녕 오히려 관직을 차지하기 위한 엽관운동이 성행하였다. 다음의 기사가 이러한 사실을 잘 보여주고 있다. 즉, "사신은 논한다. 지금 관직을 구하는 모든 사람들이 분경(奔競), 즉 엽관운동하는 짓이 풍습이 되어, 재상들에게 청탁하되 뇌물 주는 일이 공공연하게 행해지고, 노비와 토지를 서로 다투어 권세가에 바치고도 오히려 부족하게 여기고, 이것을 조금도 이상하게 생각하지 않는다. 인사를 담당한 이조에는 청탁하는 쪽지가 쌓이고, 혹시 관원 하나라도 빌 경우 정승과 판서들이 앞다투어 청탁한다. 천망(薦望)에 낀 자들은 재상들에게만 뇌물을 바치는 것이 아니라, 궁녀들의 집에도 뇌물을 바쳐 남몰래 도모하기 때문에 한 번 천망에 끼이면 즉시 그 관직을 제수하게 된다. 이러므로 사람들이 더러는 말하기를 '아무개는 귀신같은 꾀가 있는 사람이다.' 라고 한다."[281] 이와 같이 중종 말엽에는 관직을 탐하는 엽관행위의 만연으로 청탁과 뇌물이 횡횡하여 재상은 물론 궁녀들에게까지도 뇌물을 바치는 실정이었다.

남들은 관직 하나를 얻기 위하여 갖은 수단을 동원하여 다투었지만, 서경덕은 이와 반대로 가난에도 불구하고 관직에 연연하지 않고 지조를 지켰다. 그는 관직을 축재의 수단은커녕 생계의 수단으로 삼는 것조차도 단호하게 거부하였다. 그는 집이 너무 가난하여 죽도 대지 못해 처첩(妻妾)들이 배고픔에 울었지만 조금도 개의하지 않았다. 그의 가난을 구제하기 위하여

---

280. 『중종실록』권 103, 39년 6월 계유.
281. 『중종실록』권 103, 39년 5월 무술.

개성부에서 물품을 증여하려고까지 한 일이 있었지만 이것도 거절하였다. 심지어는 상중(喪中)에도 3년 동안 죽만 먹고 몸소 제물(祭物)을 마련하였다. 그러자 개성 유수가 조정에 아뢰어 포상하려고 했는데, 서경덕이 감영의 뜰에 서서 완강하게 호소하기를 "집에 한 가마니의 곡식도 없는데 어찌 죽을 먹지 않을 수 있으며, 또 한 명의 노비도 없는데 누구에게 제물을 마련토록 하겠는가?"라 하여, 포상을 그만두게 하였다.[282]

그는 가난에도 불구하고 끝내 관직에 나아가지 않았지만, 사후에 그의 학문을 기려서 호조좌랑에 이어 우의정이 추증되었다. 그가 죽은 직후 명종은 "서경덕은 성수침과 명성이 같다고 하였으니, 증작(贈爵)하는 전례를 빼어 놓을 수 없다."라고 하여 그의 증작에 대해 의논할 것을 명하였다. 그에 대한 증작 논의를 기술한 사관은 서경덕에 대하여 이렇게 평하고 있다. "서경덕은 송도 사람으로 사마시(司馬試, 소과)에 합격하였었다. 일찍이 오관산(五冠山) 아래 화담에 띠집을 짓고 궁핍하게 살면서, 학문의 연원(淵源)을 탐구하여 조예가 매우 깊었으니, 진실로 유자(儒者)의 귀감이요 성대(盛代)의 일민(逸民)이었다. 전날 중종 때 관직을 주어 불렀으나 나오지 않았다가 명종 때 이르러 죽었다. 세상에서 고상한 선비를 말할 때 으레 성수침과 더불어 병칭하고 있지만 서경덕의 학문은 사실 일세(一世)가 우러러보는 바였다. 홍문관 부수찬 신응시(辛應時)가 화담 처사 서경덕을 추모해서 지은 시에 '오관산 아래 화담 위에 대그릇 밥 한 평생 가난을 즐겼네. 오도(吾道)가 떨어지지 않아 선각이 되었는데, 성대에 불행히 일민으로 마쳤네. 은거 당시에 고사(高士)를 흠모하였더니 오늘 지하에 덕인(德人)을 매장하였네. 유명(幽冥)에 알려 그 포증(褒贈) 두루 하니 아! 백골에도 성은이 젖었어라.' 하였다."[283] 이처럼 서경덕은 성수침과 비견될 수 있은 당대 최

282. 앞과 같은 조.
283. 『명종실록』 권 34, 22년 1월 기미.

2부

고의 유일이요 처사였으므로 그에 걸맞는 증작을 내리려 했던 것이다.

서경덕에 대한 증작을 논의하라는 명이 내려지자 당시의 영의정 이준경(李浚慶)은 "서경덕의 증작은 무방합니다. 다만 성수침은 6품직을 역임하였으므로 3품을 추증(追贈)하였으나, 그는 전직(前職)이 없으니 6품직을 주어야 합니다."라고 건의하였다.[284] 이를 임금이 윤허함에 따라 명종 22년(1567) 2월, 그에게 6품직인 호조 좌랑을 추증하게 되었다.[285]

이같은 6품직 추증에 대하여 뒷날의 사관은 다음과 같이 아쉬움을 표하였다. "그 학행(學行)만을 논하고 전직의 유무는 논하지 않아야 하는데, 이준경의 말은 자못 잘못되었다. … 이미 작고한 현사(賢士)를 추모하여 증직(贈職)하는 명까지 있었으니 위에서 현사를 대우하는 정성은 극진한 듯한데, 대신들이 그 아름다운 뜻을 받들지 못하여 3품직 추증에 인색하였다. 증직의 고하야 그 사람에게 관계없는 일이나 국가에서 현사를 높이는 행사는 이렇게 할 수 없는 것이다. 생전에는 그 재주를 쓰지 못하고 사후에 내리는 증직조차 그 학행에 걸맞지 않으니, 애석한 일이다."[286]라고 하였다.

그 후 선조가 즉위하자 그에 대한 6품직 추증이 미흡하다는 여론이 더욱 거세게 일어났다. 이러한 여론과 서경덕의 제자인 재상 박순(朴淳)과 허엽(許曄) 등의 강력한 주장에 따라 선조 8년(1575)에 이르러 결국 그의 증직을 더 하여 우의정에 추증하기로 결정하였다.[287]

이와 같이 우의정으로의 증직이 이루어지자 그의 문인들은 여기에서 한발 더 나아가 그를 정몽주(鄭夢周)와 동렬로 문묘에 배향하려는 계획을 추진하기도 하였다. 그러나 이러한 무리한 움직임은 선조의 강력한 반대에 부딪혀서 결국 실현되지는 못하였다.[288]

---

284. 『명종실록』권 34, 22년 1월 갑신.
285. 『명종실록』권 34, 22년 2월 기축.
286. 『명종실록』권 34, 22년 1월 갑신.
287. 『선조실록』권 9, 8년 5월 기미.

서경덕의 사후에는 증직 외에 그의 후손에 대한 포상도 이루어졌다. 선조 5년(1572)에 내린 임금의 전교에 의하면, "증(贈) 호조좌랑 서경덕은 사기(士氣)가 쇠퇴한 때에 태어나서 두문불출하고 학문에만 정진하여 『주역』(周易)의 이치를 더욱 깊이 알아 스스로 깨달은 묘리가 많았다. 후진들을 잘 가르쳐 훌륭한 자가 많았으니 사문(斯文, 유학)에 끼친 공이 크다. 만약 그 후손이 있으면 관직을 제수하여 유학을 존중하고 도를 중히 여기는 뜻을 보이라."[289]라고 하여, 유학에 끼친 그의 학문적 업적이 높으므로 그 후손에게 관직을 내리도록 하라는 분부를 내렸다. 이러한 명을 받은 이조에서는 그의 후손을 조사한 결과, 서응기(徐應麒)라는 아들 한 명이 있다는 것을 알아내었다. 그리하여 참봉인 그를 적절한 직위에 승진시켜 유도(儒道)를 숭상하는 뜻을 보여야 한다는 건의를 하여 국왕의 윤허를 받았다.[290]

서경덕은 제자를 많이 배출했는데, 그 가운데 선조 때 재상을 지낸 허엽과 영의정까지 오른 박순이 제일가는 수제자로 알려졌다. 처음에는 서경덕을 따라 배우던 자가 매우 많았으나 그가 죽자 모두들 배반하고 떠났지만 오직 허엽과 박순만이 변치 않았다고 한다. 그래서 당시에 화담의 제자를 말할 때에는 이 두 사람으로 으뜸을 삼았다고 전해진다. 두 사람 중 박순은 타고난 자질이 뛰어나고 절조가 굳었으며, 허엽은 사람됨이 안정되고 단아(端雅)하였다고 한다.[291]

박순과 허엽은 어릴 적부터 함께 서경덕을 스승으로 섬겨 서로의 우정이 매우 두터웠다. 그러나 동인과 서인으로 당파가 갈라진 뒤로 허엽은 동인의 우두머리가 되고 박순은 서인으로 지목되었기 때문에 동문수학한 친한 벗이었음에도 불구하고 만년에는 친분이 멀어지게 되었다. 그리하여 급

288. 『선조실록』권 10, 9년 2월 을축.
289. 『선조실록』권 6, 5월 9일 무자.
290. 『선조실록』권 6, 5년 9월 을사.
291. 『명종실록』권 14, 8년 4월 기해.

기야는 허엽이 박순을 탄핵하는 일까지 발생하기도 하였다.[292]

그러나 스승 서경덕에 대한 두 사람의 마음은 아주 지극하였다. 박순은 선조 초기에 서경덕을 『유선록』(儒先錄)에 넣으려고 적극적인 노력을 기울인 적이 있다. 스승에 대한 공경과 자부심은 허엽도 박순에 못지않았다. 그가 언젠가 서경덕을 칭송하여 기자(箕子)의 학통을 이을 만하다고 한 적이 있다. 그런데 이 말을 들은 이이가 서경덕의 학문이 장횡거에게서 나왔다고 하면서 은근히 비판하자, 그가 이이를 꾸짖어 말하기를, "우리 스승의 학문은 소옹·장재·정자·주자의 학문을 겸하였는데 어찌 함부로 논하는가."[293]라고 하였다는 것이다. 나중에 이것을 전해들은 선조가 칭찬이 공평을 잃었다고 할 만큼 그의 스승에 대한 공경심은 거의 맹목적일 정도로 대단했다. 서경덕의 그밖의 제자로는 선조 때 강원도 관찰사를 지낸 박민헌이 있으며, 처사 남언경과 민순도 그의 제자이다.

앞에서 살펴본 것처럼 서경덕은 가난 속에서도 세속적인 부귀영화를 구하지 않고 오로지 자연을 벗하며 학문에 몰두한 진정한 유일이었다.

4. 성운(成運)

성운(1497, 연산군3~1579, 선조12)은 유일인 성수침의 종제(從弟)이며, 선조 때의 대유학자인 성혼(成渾)이 그의 당질이다. 세상에서는 그를 대곡선생(大谷先生) 또는 대곡처사라 일컬었다.

그는 젊을 적부터 세상을 피해 살 뜻을 품었으므로 성균관에 잠시 들어갔다가 즉시 과거 공부를 포기하고 아내의 고향인 보은의 대곡에 들어가 은거하였다. 그의 집에서 몇 리 떨어진 곳에 경관이 수려한 계곡이 있었는데,

292. 『선조수정실록』권 10, 9년 11월 기축.
293. 『선조수정실록』권 9, 8년 5월 무신.

그 안에다 작은 집을 짓고 소를 타고 오가면서 거문고를 타고 시를 지으며 스스로 즐거워하였다. 그는 선(善)과 의(義)를 좋아할 뿐 사람들과 다투는 일이 없었고, 집에 양식이 자주 떨어졌으나 태연하였다고 한다.

그는 타고난 성품이 순수하고 아름다워, 안으로는 엄숙·정직했고 밖으로는 평탄·화평하였다고 한다. 평생 동안 세상을 놀라게 하거나 빼어난 행동을 하려 들지 않았으며, 자신을 내세우지 않고 항상 부족하게 여겼기 때문에 그에게 나쁜 말을 하는 사람이 없었다. 그는 조식과 친교가 있었는데, 조식이 말하기를, "성운은 속에 빛을 머금고 있는 정련된 금이나 아름다운 옥과 같아서 내가 미치지 못한다."라고 하였다. 또한 대신 노수신(盧守愼)은, "선생은 온아(溫雅)하고 과묵하며 초연히 세상일에 얽매이지 않고 항상 겸양하는 마음으로 스스로를 지켰으므로 한 세상의 흠잡을 데 없는 사람이 되었다."라고 평하였다. 그밖에 명종 때 육조(六條)를 구비한 선비로 뽑혔을 때 사관이 쓴 인물평에 의하면, "성운은 인품이 온화하고 단아하며 도량이 넓어서 남의 잘못을 말하지 않았다. 중년에는 모친을 위하여 과거에 응시하였으나, 모친이 작고하자 결국 그만두었다. 보은에 거주하면서 산수를 즐기고 금서시주(琴書詩酒)로 소일하였으며, 물건을 취하고 주는 데는 의리를 지켰고 발자취가 관문(官門)에 이르지 않았으니 온 고을 사람이 모두 그를 추앙하였다."[294]라고 하였다.

성운은 조정으로부터 여러 번 징소(徵召)를 받았으나 끝내 관직에 나아가지 않고 평생 처사로서의 삶을 살았다. 즉, 중종 말엽에 대신의 천거로 사직서 참봉에 임명되는 등 두 번이나 관직에 제수되었으나 병을 핑계로 사직하고 나아가지 않았다. 명종 말년에는 경명행수(經明行修) 등 육조를 구비한 유일로 천거되어 역마로 서울에 올라와서 임금을 면대하였는데, 임금이 나라 다스리는 방도를 물으려 하자 병을 핑계대고 쉬게 해달라고 하면서 사

<hr>

294. 『명종실록』 권33, 21년 6월 경진.

양하였다. 조정에서 다시 참봉 등의 관직을 내렸으나 모두 사직하고 시골로 돌아갔다. 선조 때도 여러 번 관직에 임명되었지만 사양하고 오지 않았다. 그가 나오지 않자 특별히 높은 관직에 승진시키고 불렀으나 끝내 뜻을 굽히지 않고 사직의 상소를 올려 모두 사양하였다. 만년에는 인간사에 뜻이 없어 산림 속으로 종적을 감추고 알려지기를 원하지 않았으므로 조야가 그를 덕이 있는 숨은 군자로 지목하였다. 이에 임금이 그의 풍도와 기절을 높이 평가하여 전후로 먹을 것과 의복을 하사하였다. 그가 병들었다는 소식을 듣고는 어의를 보내어 치료하도록 명하기도 하였다.

권력과 명예를 멀리하고 관직을 끝내 거부한 성운의 태도는 명종 21년(1566) 9월에 조지서 사지의 자리를 사퇴하고자 올린 다음의 상소를 통하여 잘 알 수 있다. "삼가 생각하건대, 나라를 다스리는 데는 현자(賢者)를 구하는 일보다 우선할 것이 없고, 더 나아가서는 현자를 구해서 얻는 일보다 나은 것이 없습니다. 근자에 전하께서는 현자를 좋아하시는 마음으로 선비 약간 명을 구득(求得)하여 경명행수라는 이름을 붙이셨는데, 신도 그 속에 끼었습니다. 무릇 경명행수란 학문이 이루어지고 덕이 높은 자를 일컫는 것이니, 이는 고대에서 구한다 하더라도 그러한 사람은 얻기가 드문 것인데, 하물며 지금 시대에 있어서이겠습니까. 다른 사람은 신이 감히 알 수 없거니와 자신에게 있는 실력은 자신이 밝게 아는데 어떻게 우리 임금을 속일 수 있겠습니까. 신은 자품이 혼매하고 재주도 아둔하여 어릴 때부터 장년에 이르기까지 아예 큰 뜻을 품은 일이 없었고, 학문도 과문(科文)이나 익혀서 단지 영달만을 도모하였습니다. 그나마도 병들어 제대로 힘쓰지 못하여 문사(文辭) 또한 지저분하므로 과거 담당관에게 내보였으나 열에 하나도 채택된 일이 없었습니다. 경학(經學)에는 더욱 조예가 없어서 소탈하기 그지없습니다. 사람으로 말하면 학문과 행실이 형편없고 병으로 말하면 몸이 바짝 말라서 거의 다 죽을 지경이므로 쓸모없는 폐인이 된 지 이미 오래입니다. 그런데도 전하께서 특별히 비상한 명을 내리어 대궐에 불러들이셨는가 하면, 많은 물품들을 하사하여 성상의 마음을 표시하셨으며, 지금 또 벼슬을 제수하여 6품직에 올려 앉히시니, 이는 전하께서 지나치게 어진이를 좋아하시는 것입니다. 어질지 못한 자를 얻어 어진이로 착각하고 임용하시니, 신은 적격자가 아니면서 어진이의 명위(名位)를 훔쳐 몸에 가하매 위로는 하늘이 부끄럽고 아래로는 사람이 두렵습니다. 밤중에 고요히 생각할 때 어떻게 마음을 진정시키며 대낮에 사람을 대하면 어떻게 낯을 들겠습니까. 그래서 사연을 갖춰 호소하여 우러러 성상을 번거롭게 하니, 불쌍히 여기시고 시골로 돌려보내어 편안히 지내며 신병을 치료하여 실낱같은 목숨을 지속하게 해주십시오. 이렇게 해주신다면 이 어찌 생명을 살리는 지극한 인자함이 아니겠습니까. 신은 깊고 두터운 성은을 받았으므로 성상을 위하여 힘을 기울이고 사려를 다하여 만 분의 일이라도 갚으려고 생각하였으나, 쇠병(衰病)이 이 지경이어서 직임을 맡을 힘이 없기에 지레 사직하고 돌아가려 하니, 신의 죄 또한 큽니다. 사실(私室)에 거적을 깔고 엎디어서 엄벌이 이르기를 기다리겠습니다."[295]

이와 같이 성운은 자기가 경명행수를 갖춘 현자가 아니기 때문에 관직에 적합치 않다고 하면서 병을 핑계로 사직의 뜻을 간곡하게 표했던 것이다. 남들이 다들 갈망하는 관직을 그는 학문과 능력이 미치지 못한다고 사양하면서 시골로 내려 보내 달라고 간청하고 있다.

이러한 상소를 접한 명종은 친히 다음과 같은 어찰(御札)을 내려 사직을 만류하였다. "상소의 사연을 보니 절박한 사정이라 할 수 있다. 내 비록 불민하나 어찌 감히 물러감을 허락하겠는가. 만일 경명행수의 반열에 합당하지 못하다면 조정 여론이 어찌 한마디 말도 없었겠는가. 편리에 따라 내려가되 굳이 사직하지는 말라."[296]고 하였다.

295. 『명종실록』 권 33, 21년 9월 병오.
296. 앞과 같은 조.

성운의 학문은 공경(恭敬)에 근본을 두고 실천을 우선하였다. 그리고 용모를 장중하게 하고 기거동작은 반드시 공순하게 하여 마치 신명을 대하듯 엄숙하였으므로 아무도 없는 곳에서 홀로 있을지라도 자제나 집안사람들이 그의 나태한 모습을 본 적이 없었다고 한다. 제자 중에 자기도 모르게 헛된 생각이 함부로 생긴다고 걱정하는 자가 있으면 교훈하기를, "이는 공경심을 갖는 공부가 독실하지 못해서이다. 만일 평소에 꾸준히 공경하는 마음을 가졌다면 그 마음이 고요하게 안정되어 헛된 사념(邪念)이 용납되지 못하고 망상(忘想)이 생겨날 데가 없게 될 것이다. 사람이 행해야 할 일을 외면하고 오묘한 성명(性命)만을 담론할 것 같으면 자기를 위하는 학문이 되지 않는다."라고 하였다. 그가 힘을 들여 공부하는 것은 항상 인사(人事)에 주력하는 것이 많아서 어버이를 섬기고 어른을 공경하는 데서부터 평범한 일상생활에 이르기까지 어느 하나도 실천에서부터 나오지 않는 것이 없었다. 조식은 성운이 독실하게 행하는 것을 보고 "도는 여기에 있다."라고 까지 하였다. 만년에는 그 조예가 더욱 깊어져서 언어와 행동에 어긋남이 없어, 사람들이 그를 대할 때 안색이 겸손하고 언사가 온화한 것만 보고도 저절로 심취되어 감복하였다고 한다.

그는 특별히 좋아하는 물건이 없었고 집이 매우 청빈하였으나 태연자약하였다. 아름다운 산수를 좋아하여 일찍이 속리산 기슭에 서실 한 칸을 지어 봄 · 가을의 좋은 계절에는 하루도 빠짐없이 산속을 소요하였으며, 시도 짓고 술잔도 들며 마음 내키는 대로 지냈다. 이 때문인지 이황은 그의 학문이 노장(老莊)에 가깝지 않은가 의심하기도 하였다.

그는 또한 학도들을 모아 강학하는 것을 좋아하지 않았으며, 사람들과 더불어 세상일이나 나랏일에 대해 말하지 않았다. 그리고 조식 · 성제원과 더불어 서로 벗하면서 친밀하게 지냈다. 당세에 유일로 부름을 받은 자들이 모두 세상의 의논을 면치 못했으나, 그만은 욕심이 없고 마음이 깨끗하여 비난할 만한 자취가 없었으므로 조식이 늘 탄식하고 부러워하였다.

그의 당질인 성혼이 지은 묘비명에는 다음과 같이 그의 성품과 학문 태도가 잘 나타나 있다. 즉, "선생은 40년간 산림 속에서 사셨다. 선생이 문을 닫고 들어앉아 뜻을 구한 것은 반드시 그만한 학문이 있어서일 것이고, 겸손하게 물러나서 확고하게 지킨 것은 반드시 그만한 소견이 있어서일 것이며, 배고픈 것도 잊고 자연을 구경하며 늙어가는 것도 모른 것은 반드시 그만한 낙이 있어서일 것이다. 그런데 사람들은 그가 산간 계곡에서 노닐며 거문고와 책에 묻혀 스스로 즐거워하는 것만을 보았을 따름이지, 그의 내면에 간직된 것에 대해서는 엿보아 헤아린 이가 적었다."[297]라 하였다

성운이 죽음에 이르자 선조는 장사지내는 데 드는 제반 물품을 관에서 지급하라 명하고, 예관(禮官)을 보내어 사제(賜祭)하였는데, 그 제문(祭文)의 내용은 다음과 같다. "온화하고 공손한 사람은 덕의 기본이 되는 것이다. 그대는 일찍 학문에 뜻을 두었고 장성해서는 더욱 생각이 정밀하였다. 그리하여 성균관에 나아가게 되었고, 사람들은 노성한 이에 비교했으니, 화락한 군자요 나라의 정간(楨幹)이었다. 과거 급제로 재능을 자랑하는 것을 그대가 어찌 깨끗이 여겼겠는가. 숨어살면서 평소에 품었던 뜻을 지키는 것이 실로 그대가 즐기는 것이었다. 산골에서 지내면서 구학(舊學)에 더욱 힘썼으므로 충신(忠信)이 안에 쌓였고 영화(榮華)는 밖으로 반출되었다. 그 마음은 가을 달처럼 맑았고 그 지조는 빙설처럼 깨끗하였다. 하늘이 낸 드문 인재로, 문장을 여사(餘事)로 여겼으므로 시문(詩文)을 번거롭게 다듬지 않았으나 샘에 물 솟듯 산이 공중에 치솟듯 하였다. 겸손을 스스로 간직함은 여러 선(善)의 모임이었고 언행이 진실하여 표리가 한결같았다. 출세할 생각을 이미 끊어버렸으므로 자신의 뜻대로 유유자적하였다. 거친 음식도 잇대지 못하였고 초가집은 무릎을 용납할 정도였다. 나의 선왕께서 선인(善人)을 좋아하는 정성이 있어서 간절한 마음으로 몸을 굽히셨고, 관사(館

---

297. 『선조실록』 권 14, 13년 6월 을사.

숨)를 비워놓고 문 열어 시골에 묻힌 인재를 맞아 등용하고 침체되었던 이를 기용할 때 그대도 소명(召命)을 받았었다. 그대는 학문하는 데에 바탕이 있고 육조를 잘 행했으며 희디흰 백발로 나아왔으나 병 때문에 등대(登對)하지 못하고 슬픈 사정을 들어 여러 번 사직하였다. 그러나 선왕께서는 간곡한 하서(下書)로 온화하게 말씀하시면서 허락하지 않으셨다. 의원을 보내고 약을 계속 내리셨으니 특수한 예우였고 특별한 조처였다. 이토록 선왕의 사랑이 융숭했으나 그대의 병세 또한 깊어 드디어 해골을 빌어 고향으로 돌아갔으므로 선왕의 마음이 섭섭하기 그지없으셨다. 어진이를 붙잡기 어려워 흰말이 저 산골로 들어가 버렸다. 나는 어린 몸으로 덕 있는 사람을 몰라볼까 걱정하여 선왕의 뜻을 추모해서 작은 관질(官秩)을 더해 주었는데, 이는 감히 벼슬을 준 것으로 여기는 것이 아니라 잊지 않음을 보이기 위한 것이었다. 병이 나으면 혹 와서 대면할 수 있기를 바랐으나 연령이 점점 높아지고 근력이 강건하기 어려워 산골에 누워 있을 뜻이 더욱 굳어졌으니 무슨 계책으로 나오게 할 수 있겠는가. 내가 선인(善人)을 생각하는 것은 하늘과 땅이 알고 있는 바이니, 비록 함께 다스리지는 못하였으나 또한 어리석은 자들을 청렴하게 만들기에는 족하였다. 그러나 한 세대에 함께 살면서 한번도 만나보지 못했으니 나의 탄식이 간절하지만 심정을 표현할 길이 없었는데, 어찌 오늘날 영원히 유명(幽明)을 달리할 줄을 생각이나 했겠는가. 부음(訃音)을 듣고는 놀랍고 슬퍼서 멍하니 무엇을 잃은 듯하다. 하늘이 한 늙은이를 억지로 남기지 않으니 백부(百夫)로도 속(贖)하기 어려웠다. 의원을 보냈으나 헛걸음으로 돌아왔고 탕제를 내렸으나 제때에 미치지 못하였으니, 이는 내가 실상 정성을 다하지 못한 탓이다. 부끄럽고 슬픈 마음 어찌 끝이 있겠는가. 아, 슬프다!"[298] 이처럼 선조는 성운의 인품과 학문을 칭송하면서 그의 죽음을 애석해 하였던 것이다.

[298] 『선조실록』 권 13, 12년 12월 정축.

성운은 죽은 후 보은에 묻혔는데, 광해군 초기에 점차 치열해지고 있던 당쟁의 여파로 그의 분묘가 파헤쳐지는 불상사가 일어기도 하였다. 당시에 예조에서 보고한 내용을 보면, "세도가 날로 낮아지고 인심이 날로 박해져서 유현(儒賢)을 멸시하는 등 더욱 어두워지고 있습니다. 살아 있을 때에는 존경할 줄을 모르고, 죽으면 또 욕하며 헐뜯고 심지어 분묘를 발굴하는 변이 잇따라 일어나고 있으니 한심합니다. 이른바 성 대곡이란 바로 처사 성운입니다. 성운은 도를 지키는 산림의 선비로 불러도 나오지 않자 선왕께서 여러 차례 포상하는 은전을 내리셨으니, 그의 고상한 풍도와 아름다운 행실은 지금까지도 사림의 모범이 되고 있습니다. 그런데 이번에 뜻밖의 치욕이 지하의 썩은 뼈에까지 미쳤으니, 비록 그 까닭은 알 수 없으나 듣고서 매우 놀랐습니다. 본도로 하여금 갖가지 방법으로 수색하여 기어코 범인을 찾아내 치죄하도록 하고, 조묘군(助墓軍)을 헤아려 주어 봉분을 만들게 하십시오. 그리고 조정에서도 예사로운 일로 그냥 넘기지 말고 서울에서 향을 내리고 제문을 지어 보내 본도의 도사(都事)로 하여금 제사를 지내고 위안해 나라에서 문(文)을 숭상하고 현인을 존경하는 뜻을 보이는 것이 어떻겠습니까?"299라고 하여, 서로 헐뜯고 욕하는 세태로 인하여 그의 분묘가 발굴된 사실을 알리면서 사후의 조처를 건의하고 있다.

당시에는 당파가 다르거나 견해가 다른 사람의 묘를 파헤치는 일이 자주 일어나서 큰 물의를 야기하였는데, 성운의 묘가 발굴되기 직전에는 개성에 있는 처사 서경덕의 묘가 파내어지는 일도 있었다. 두 처사의 무덤이 도굴된 사실을 전한 사관은 이에 대하여 다음과 같이 통탄해하고 있다. "얼토당토 않는 비방이 이미 회재와 퇴계에게 미쳤고, 의외의 치욕이 또 화담과 대곡에게 미쳤으니, 장차 도가 폐해지려고 그런 것인가. 인심과 세도가 통곡할 만하다고 하겠다."300 이처럼 당쟁의 피해는 이미 죽은 처사들에게 까지도 미칠 정도로 막심하였던 것이다.

한편, 성운과 동시대의 인물로 같은 창녕 성씨이면서 유일지사의 풍모를 지닌 인물을 또 한 명 든다면 성제원(成悌元)(1506, 연산군12~1559, 명종14)을 꼽을 수 있다. 그의 성품은 작은 일에 구애되지 않는 활달하고 호탕한 성격으로, 기상(氣象)이 뛰어나고 의지가 굳세었다고 한다. 또 속된 것에 구애되지 않고 세상을 얕보기도 하였지만 학문을 좋아하고 힘써 행하였다. 천성적으로 효도와 우애가 두터워 모친의 삼년상을 한결같이 예법에 따라 준행하였고, 그 동안 상복을 벗지 않고 늘 입고 다녔으며, 삼년상을 마치고 나서는 묘 옆에다 집을 짓고 종신토록 살 계획을 세웠으므로 이웃과 친척들이 모두 감복하였다고 한다.[301]

모친이 죽은 뒤 재산을 분배할 때에는 자기 몫을 모두 형제들에게 돌리고, 거침없이 표연하게 돌아다니며 산수를 아주 좋아하였으므로 사람들은 그를 '유발승(有髮僧)'이라 하였다고 전해진다. 친구를 대함에는 한결같이 성신(誠信)으로 하였으며, 농담을 잘하고 온화하였다. 아름다운 자연을 만나면 반드시 하루 종일 거닐었으며, 평상시 남과 지낼 적에는 현인이거나 어리석은 자거나 거스름이 없이 모두 적절하게 대하였다고 한다.

성제원은 어려서부터 과거 시험에 뜻을 두지 않았고, 날마다 스스로를 엄하게 다스렸으며 남 가르치기를 게을리하지 않았다. 충청도 공주에 살고 있던 그는 명종 7년(1552)에 팔도의 유일을 찾아서 천거하라는 왕명에 따라 유학(幼學)으로서 충청도 관찰사의 천거를 받아 돈령부 주부에 임명되었다가, 다시 보은 현감에 제수되었다. 보은 현감에 취임하여 벼슬살이를 욕심없이 하였으므로 교활한 아전은 위엄을 두려워하고 간사한 백성은 덕에 감복하였다. 현감 임기가 끝난 뒤에는 곧 옛집으로 돌아갔는데, 또다시

---

300. 앞과 같은 조.
301. 『명종실록』권 13, 7년 6월 신미.

조정의 부름을 받았으나 나아가지 않고 있다가 죽었다.[302]

　이상에서 살펴본 것처럼 성운과 성제원은 명문인 창녕 성씨의 후손이었지만, 정변이나 사화 등의 정치적 격변, 그리고 개인적인 성향 때문에 세상을 멀리하고 유일로서의 일생을 보냈던 것이다.

5. 조욱(趙昱)

　조욱(1498, 연산군4~1557, 명종12)은 종종 · 명종 때의 학자로서 조광조(趙光祖)의 제자이다. 그는 타고난 성품이 단정하고 깨끗하며 말이 적었다고 한다. 사람됨이 허심탄회하고 담박하여 영리를 생각하지 않았으며, 경서(經書)와 사서(史書)를 많이 읽고 시에 능하였다.

　그는 처음에 공천(公薦, 생원 · 진사 중에서 재행은 뛰어나지만 여러 번 과거에 합격되지 못한 자를 성균관에서 천거하는 것)으로 참봉을 제수받았으나 벼슬길에 나서지 않았다. 그 후 용문산 아래에 살 곳을 정하고는 산속에 노닐면서 즐겼고 시를 읊으며 회포를 풀었다. 그러던 중 명종 6년(1551) 12월에 경기 감사가 학문과 행실이 훌륭한 선비로 성수침과 함께 그를 천거하였다. 당시의 장계에 의하면, "조욱은 재주와 행실이 고결하고 청빈(淸貧)을 편안히 여기고 분수를 지키면서 출세와 명예를 구하지 않고 항상 산수 사이를 소요한다."[303]고 하였다. 다시 명종 7년(1552) 7월에 유일로 천거되어 장수 현감에 제수되었는데, 벼슬을 버리고 돌아갔다. 유일로 천거될 당시 그의 인물평에는, "조욱은 재행이 고결하여 가난함을 편히 여기고 옛것을 좋아하였으므로 벼슬을 구하지 않고 오직 스스로 한가함을 즐겼다."[304]라고 기술되어 있다.

302. 『명종실록』권 25, 14년 5월 기축.
303. 『명종실록』권 12, 6년 12월 갑술.

그는 항상 산수를 즐겨서 명산을 두루 찾아 노닐었는데, 발자취 안 닿은 곳이 거의 없었다. 만년에는 용문산 밑에 정사(精舍)를 지어 놓고 자연을 즐겼으며, 호를 스스로 용문 거사라 하였다. 그의 시는 품격이 매우 높다는 평가를 받았는데, 지은 시문이 5~6권이었다고 전해지고 있다.

그의 형 조성(趙晟)은 그와 함께 학행으로 일컬어졌는데, 논자들은 대부분 그 형을 더 낫게 여겼다고 한다. 조성은 특히 의약(醫藥)에 정통했으며, 천문 · 지리 · 복서(卜筮) · 算數(산수) · 음악 · 불노(佛老) 등에도 통하지 않음이 없었다. 이 때문에 동생 조욱과 함께 당세에 유명했다. 조성은 젊어서 참봉이 되었으나 나아가지 않았다. 일찍이 "나는 세상에서 쓸모가 없다. 남을 구하는 보람은 단지 의술로만 이룰 수 있다."라고 하고는 의학에 힘써 통달했으므로, 살린 사람이 매우 많았다고 한다.[305]

조성은 성안에 숨어살면서 즐겨 남의 자제들을 모아 가르쳤고, 의술(醫術)로 사람을 구제하기 좋아하여 사람들이 병에 대하여 문의해 오면 수고를 아끼지 않았다고 한다. 그는 의학과 음악에 정통했으므로 조정에서는 명종 6년에 부사과(副司果)에 임명하여 종과 경쇠 등의 악기를 수리하고 아악(雅樂)을 정리하며 의원을 가르치도록 하였다.[306]

한편 조욱의 손자 조형생(趙亨生)도 역시 재행이 높아 인조 때에 천거를 받아 6품직에 제수되었다. 그는 용문산에서 살며 몸소 농사짓는 것을 업으로 삼고 출세나 명성을 추구하지 않았다고 한다.[307]

이처럼 조욱의 형제와 후손들은 대대로 유일로서의 고고한 삶을 지향하였던 것이다.

304. 『명종실록』권 13, 7년 7월 신묘.
305. 『명종실록』권 13, 7년 6월 계유.
306. 『명종실록』권 12, 6년 10월 병신.
307. 『인조실록』권 3, 1년 윤10월 무신.

6. 이지함(李之菡)

이지함(1517, 중종12~1578, 선조11)은 호가 토정(土亭)으로서 『토정비결』의 저자로 유명한 사람이다. 그는 또한 예언과 술수(術數)에 능한 이인(異人)으로도 잘 알려져 있다.

그의 성품은, 기개와 도량이 비범하고 욕심이 적었으며 뛰어난 재능과 식견을 가졌다고 한다. 특히 효성과 우애가 뛰어났는데, 그의 깊은 효심을 보여 주는 일화가 하나 전해지고 있다. 즉, 젊었을 때 해변에 부모를 장사지냈는데, 조수가 조금씩 가까이 들어오자 먼 장래에 물이 반드시 무덤을 침해하리라 판단하고 수천 석의 곡식을 마련한 후 제방을 쌓아 막으려고 하였다. 그리하여 우선 돌을 운반하여 배에 싣고 가서 포구를 메웠는데, 수없이 돈이 들었으나 스스로 벌어들여 준비하기를 귀신같이 하였다. 해구(海口)가 깊고 넓어 끝내 성공하지는 못하였으나 뜻만은 포기하지 않고 말하기를, "성공하느냐 못하느냐는 하늘에 달렸으나 자식으로서 어버이를 위해 재난을 막는 계획은 게을리할 수 없다."라고 하였다는 것이다.

그는 또한 형제 사이의 우애도 남달리 돈독하였는데, 형 이지번(李之蕃)이 서울에서 병이 들었다는 소식을 듣고 충청도 보령에서 걸어 상경하면서 조금도 노고를 아끼지 않았고, 형에게 스승의 도리가 있다 하여 삼년상을 치렀다. 형을 위하여 삼년의 상복을 입으면서 말하기를 "형님이 실상 나를 가르치셨으니 이것은 형님을 위한 상복이 아니고 스승을 위해 입는 상복이다."라고 하였다. 그리고 그는 처신하기를 확고히 하되 여색을 더욱 조심하였다. 젊은 시절에 지방을 유람한 적이 있는데, 수령들이 이름난 기생을 시켜서 온갖 수단을 다하여 시험해 보았지만 그는 끝내 마음을 움직이지 않고 극기하면서 색욕을 가까이 하지 않았다고 전해진다.[308]

---

308. 『선조수정실록』권 12, 11년 7월 경술.

2부

그는 평소에 욕심을 내지 않고 고통을 견디며, 짚신에 삿갓 차림으로 걸어서 사방을 돌아다니며 도학과 명절(名節)이 있는 선비들을 사귀었다. 특히 행실이 뛰어난 자가 있다는 소문을 들으면 천리를 멀다 않고 찾아가 보았고, 그와 함께 이야기하면 기발하여 사람의 주의를 끌었다고 한다.[309]

그의 제자이면서 임진왜란 때 의병을 일으켰다가 금산에서 전사한 조헌(趙憲)의 다음과 같은 상소에 그의 욕심없는 깨끗한 인품이 잘 드러나고 있다. 즉, "신이 이 세상에서 스승으로 섬기는 사람이 셋이 있는데 이지함·성혼·이이입니다. 세 사람이 성취한 학문은 다른 점이 있지만 깨끗한 마음과 욕심을 적게 가지는 자세, 그리고 뛰어난 행실이 세상의 모범이 되는 것은 똑같은데, 신이 일찍이 그들의 만에 하나라도 닮아보려 하였으나 이루지 못하였습니다."[310]라 하였다.

그는 기품이 신기하였고 성격이 탁월하여 어느 격식에도 얽매이지 않았다. 그런 성격 탓에 특이한 행동을 많이 한 것으로 전해지고 있다. 그러한 사례를 몇 가지 소개하면, 혼례를 치른 다음 날 밖에 나갔다가 늦게서야 들어왔는데, 집안 사람들이 그가 나갈 때 입었던 새 도포를 어디에 두었느냐고 물으니, 홍제교를 지나다가 얼어서 죽게 된 거지 아이들을 만나 도포를 세 폭으로 나누어 세 아이에게 입혀주었다고 했다고 한다. 또 하루는 그 부친에게 말하기를, "아내의 가문에 길할 기운이 없으니 떠나지 않으면 장차 화가 미칠 것입니다."라 하고는, 가족을 이끌고 떠났는데, 그 다음 날 장인의 집에 화가 일어났다. 그는 사람들을 관찰할 때 그들의 현부와 길흉을 이따금 먼저 알아 맞추곤 했는데, 사람들은 그가 무슨 수로 그렇게 알아 맞추는지 아무도 몰랐다고 한다.[311]

309. 『선조수정실록』권 7, 6년 5월 경진.
310. 『선조수정실록』권 20, 19년 10월 임술.
311. 『선조수정실록』권 12, 11년 7월 경술.

그는 또한 열흘을 굶고도 견딜 수 있었으며 무더운 여름철에도 물을 마시지 않았다. 아들이 죽자 언덕에 초빈(草殯)을 해 놓고 조석으로 찾아가 곡하여 물과 소금을 입에 대지 않은 지가 7, 8일이나 되었는데도 피곤한 기색이 없었으므로 사람들이 모두 장골(壯骨)이라 하였다. 또 그는 추위와 더위를 참는 것이 대단해서 얼음물에 들어가서도 추워하지 않았고, 한창 더운 때에 겹옷을 몇 개나 껴입고도 땀을 흘리지 않았다.[312]

그가 초립을 쓰고 나막신을 신은 채 구부정한 모습으로 다니면 사람들이 서로 손가락질하며 웃었으나 그는 아무렇지 않게 여겼다. 어떤 때는 천리 먼 길을 걸어서 가기도 하였으며, 몸소 섶을 지기도 하고, 배를 잘 저어 제주도를 드나들며 이상한 일을 많이 하였다. 그는 특히 배를 타고 바다에 떠다니기를 좋아하여 자주 제주도에 들어가곤 하였는데 바람이 일어날 것을 미리 알고 조수의 시기를 알았기 때문에 한번도 위험한 고비를 겪지 않았다. 일찍이 용산의 마포 항구에 흙을 쌓아 언덕을 만든 다음 그 아래에는 굴을 만들고 위에는 정사(亭舍)를 지어 자호를 토정(土亭)이라 하였다. 그 뒤에 비록 큰물이 사납게 할퀴고 지나갔지만 흙언덕은 완연하게 그대로 남아 있었다는 것이다.[313] 이처럼 신이한 일을 많이 했기 때문에 당시에는 그를 술사(術士)라고 의심하는 자들도 있었다.

그는 어려서 글을 배우지 않았었는데, 형 이지번의 권고를 받고 마침내 분발하여 학문에 주력하면서 밤을 새워 날이 밝도록 공부하곤 했다. 그리하여 경전(經傳)을 모두 통달하고 온갖 사서와 제자백가의 책까지도 섭렵하였다. 그래서 과거에 응시하려고까지 하였는데, 마침 이웃에 과거에 급제하고 연회를 베푼 자가 있었다. 그것을 본 그는 마음속으로 천하게 여기고 마침내 그만 두었다.[314] 그는 또한 을사사화 때 촉망받던 젊은 문신 안명세

<hr>

312. 『선조실록』 권 48, 27년 2월 신미.
313. 『선조수정실록』 권 12, 11년 7월 경술.

(安命世)의 처형을 보고 슬퍼하여 해도(海島)를 돌아다니면서 거짓 미치광이로 세상을 도피적도 있다.

그는 선조 6년(1573)에 학행이 높다하여 대신들에 의하여 천거되었다. 이 때 정인홍·최영경 등과 함께 천거되었는데, 이조에서는 이들에게 말직인 참봉을 제수한다면 초야의 인재를 특별히 거두어 쓰는 뜻에 맞지 않는다고 하면서 6품인 참상직을 제수해야 한다고 건의함에 따라 이들 모두에게 6품직이 내려졌다.[315] 이 때 그는 형의 병 때문에 한양에 올라왔다가 6품 벼슬이 내려졌다는 말을 듣고 귀를 씻고 곧 돌아갔다.

벼슬을 버리고 떠났던 그는 뒤에 포천 현감이 내려지자 잠시 취임하여 고을을 다스렸다. 포천 현감으로 있으면서 스스로의 처신을 검소하게 하고 백성 보기를 자식처럼 하였으며, 백성을 다스림에 있어서는 어루만져 돌보는 정성을 다하였다. 고을의 재정이 빈약하자 조정에 건의하여 해변의 어장을 떼어 받아 빈약한 재정을 보충하게 해 줄 것을 청하기도 하였다. 그는 본래 수령으로 오랫동안 머무를 생각이 없었기 때문에 곧 병을 핑계하여 사직하고 돌아갔다.[316]

조정에서는 나중에 다시 아산 현감에 임명하였는데, 당시에 사헌부에서는 현감 제수의 부당성을 다음과 같이 지적하면서, 그의 명성에 걸맞는 관직에 임명할 것을 요구하였다. 즉, "임하(林下)의 어진 사람을 버려둔 지 이미 오개 되었는데도 벼슬을 내릴 뜻이 없다가 공의(公議)가 시끄럽자 그제야 비로소 제배하였으니 이미 잘못되었습니다. 그리고 지난번 학행으로 부름을 받은 신하를 즉시 외관에 보직하였으므로 사림들이 실망하고 있으니 이조의 관리들을 처벌하십시오. 아산 현감 이지함과 임실 현감 김천일

---

314. 앞과 같은 조.
315. 『선조실록』권 7, 6년 6월 계축.
316. 『선조수정실록』권 8, 7년 8월 임인.

의 관직을 교체하여 상당한 직에 제수하십시오.”라 하였던 것이다.[317]

　　이지함은 아산 현감에 제수된 뒤에도 오랫동안 취임하지 않다가 조정의 강권을 뿌리치지 못하고 결국 부임하였다. 그는 항상 말하기를, “내가 일백 리 되는 고을을 얻어서 정치를 하면 가난한 백성을 부자로 만들고 야박한 풍속을 돈독하게 만들고 어지러운 정치를 바로 잡을 수 있을 것이다.”라고 하였는데, 아산현에 부임하여 정치를 하게 되자, 이러한 포부를 실현해보려고 하였다. 그리하여 백성 사랑하는 것을 가장 중시하여 각종 폐해를 제거하는 등 한창 의욕적으로 시정을 펼치던 중 갑자기 병으로 죽게 됨으로써 그 모든 것이 미완으로 끝나고 말았다. 그가 죽자 고을 사람들은 모두 자기들의 친척이 죽은 것처럼 슬퍼하였다고 전해진다.[318]

　　이처럼 그는 만년에 이르러 두 고을의 수령을 역임하였는데, 수령으로서의 면모에 대하여 제자 조헌은 상소에서 다음과 지적하길은L는고 있다. 즉, “이지함은 만년에 부름에 응하여 두 고을에 수령으로 나가서는 박봉을 털어 아랫사람을 도와주고, 폐단을 제거하여 곤궁한 백성을 구제하는 데 있어 모두 원대한 계획을 수립하였습니다. 그리고 간인(姦人)과 서리를 단속하는 데 있어 사납게 하지 않아도 저절로 규율이 잡혔으므로 한 고을이 모두 그의 신명(神明)스러움을 칭송하였습니다. 항상 한 사람이라도 제 살 곳을 잃게 될까 두려워하였고, 또한 고을의 학교에서 문무의 재능을 겸비한 인재를 길러 국가의 쓰임에 대비하였으니, 그 계획과 재능은 은연중 공맹(孔孟)의 풍도가 드러났습니다. 그런데 불행히 아산에서 병사하자, 아산의 백성들은 노소를 막론하고 마치 부모의 상을 당한 것처럼 슬퍼하여 거리를 가로막고 울부짖으며 다투어 고기와 술로 제사를 올렸습니다. 그가 거짓 미치광이로 행세하며 자신을 은폐한 것은 화를 피하기 위함이었고, 밝은 시

317. 『선조실록』 권 12, 11년 5월 을묘.
318. 『선조수정실록』 권 12, 11년 7월 경술.

대에는 벼슬길에 나가 쓰였으니, 오로지 세상을 숨어서 산 것은 아닙니다." 라고 평하였다.[319] 이처럼 이지함은 처음에는 벼슬에 뜻이 없었지만, 일단 관직에 취임한 이후에는 나름대로의 이상을 실현하기 위하여 노력했던 것이다.

그에게는 적자(嫡子)가 세 명 있었는데, 둘째 아들 산휘(山輝)는 호랑이에 물려 죽었고, 세째 아들 산용(山龍)은 열두 살 때 역질(疫疾)로 죽었다. 또 서자 산겸(山謙)은 임진왜란 때 의병장으로 활약하였으나, 역모사건에 연루되어 처벌을 받았다.

산겸이 태어나자 아버지 이지함이 즉시 데리고 섬으로 들어가서 길렀는데, 사람들이 모두들 이것을 괴이하게 여겼다. 이러한 사실은 선조 임금도 알고 있어서, 어느 날 신하에게 묻기를 "자기 자식을 데리고 섬으로 들어가 기른 것은 어째서인가?"라고 하자, 대신 유성룡이 아뢰기를, "이 사람의 사적은 괴상한 일이 많은데, 어떤 이는 그 아들이 비범하여 속세에 두고 싶지 않아서 그랬다는 자도 있고, 어떤 이는 그 아들에게 상인(常人)의 일을 익히게 하고자 해서 이같이 하였다는 자도 있습니다."라고 대답하였다. 이것은 이지함이 범상한 인물이 아니었음을 알려주는 또 하나의 예라고 하겠다.[320]

그의 형 이지번은 중종 말기에 권신 김안로(金安老) 때문에 유배되었다가 석방된 후 성균관의 천거로 참봉이 되었으나 출사(出仕)하지 않다가 뒤에 여러 벼슬을 거쳐 내자시(內資寺)의 정(正)까지 올랐다. 선조 때 영의정을 지낸 지번의 아들 산해(山海)는 어릴 적에 신동으로 일컬어졌는데, 외척 윤원형이 자기의 딸을 아내로 삼아주려 하였다. 그러자 지번이 즉시 벼슬을 버리고 아우 지함과 함께 충청도 단양의 구담(龜潭) 곁에 내려가 살면서

---

319. 『선조수정실록』권 20, 19년 10월 임술.
320. 『선조실록』권 48, 27년 2월 신미.

열심히 학문을 닦고 담박한 생활을 하며 만족스럽게 스스로를 즐겼으므로 사람들이 그를 구선(龜仙)이라 불렀다고 한다.[321]

이상과 같이 이인으로 불렸던 이지함은 세상을 무조건 등진 것이 아니라, 자기의 뜻을 펼치기에 적당한 시기가 왔다고 생각될 때는 세상에 나아가 백성과 나라를 위하여 애쓰기도 하였던 것이다. 이것은 유일의 또 다른 일면이었다.

7. 맺음말

이상에서 조선전기의 유일들 가운데, 명종 · 선조대의 인물인 조식 · 서경덕 · 성운 · 조욱 · 이지함의 생애와 생활자세, 출사관 등을 살펴보았다. 이들은 높은 학덕에도 불구하고 관직을 멀리하고 자연에 묻혀서 학문과 제자 양성에 힘쓴 학자들이었다. 그러나 이들이 재야에 머물러 있다고 하여 세상에 전혀 관심이 없었던 것은 아니어서, 이지함 같이 수령으로 나아가 자신의 포부를 펼쳐보려고 한 사람도 있었다. 하지만 이들이 관직에 취임한 경우에도 거기에 집착하거나 연연하지 않고 뜻이 맞지 않으면 과감하게 그것을 박차고 나와서 원래의 은자(隱者)의 모습으로 되돌아갔다.

---

321. 『선조수정실록』권 9, 8년 12월 을축.

효행자천거제

1. 머리말

조선왕조에서는 유교윤리의 보급과 장려를 위해 개국 직후부터 효자·순손(順孫) 등의 효행자를 천거하도록 법제화하였다. 세종조 이후 효행자천거제를 본격적으로 시행되어 많은 효행자들을 천거, 등용하였다. 이 장에서는 조선 초기 효행자천거제의 성립과정을 살펴보고, 아울러 그 시행 상황을 사례의 검토를 중심으로 알아보도록 하겠다.

2. 효행자천거제의 성립

유교사상을 국가의 지도이념으로 내세운 조선왕조에서는 삼강오륜 등의 유교윤리를 장려하기 위한 방편의 하나로 초기부터 충신·효자·의부(義夫)·절부(節婦)를 천거, 포상하는 정책을 실시하였다. 효자 등에 대한 천거의 중요성은 건국직후인 태조 원년(1392) 7월에 전국에 반포한 다음과 같은 교서를 통하여 적극적으로 천명되었다.

충신·효자·의부·절부는 풍속에 관계되니 권장해야 한다. 소재관사(所在官司)
로 하여금 순방(詢訪)하여 보고 하도록 하되, 그들을 우대해서 발탁, 등용하고, 문

려(門閭)를 세워 정표(旌表)토록 하라.[322]

이처럼 백성들의 풍속을 유교윤리로써 교화키 위하여 소재하고 있는 관청으로 하여금 충신·효자 등을 천거하여 등용하거나 정표토록 하교했던 것이다.

태조의 교서에서 표명된 효자 등의 천거에 대한 이같은 강력한 의지는 태조 6년(1397)에 편찬된 『경제육전』에 명문화됨으로써[323] 한층 구체성을 띠게 되었다. 그 후 조선의 역대 국왕들은 앞에서 살펴본 태조의 교서와 『경제육전』에 명시된 규정을 실행키 위하여 효자 등의 천거를 당부하는 교령을 지속적으로 반포함과 동시에, 효자 등을 적극적으로 천거, 포상함으로써 유교윤리에 의한 백성의 교화에 노력하였다. 이와 함께 제도적인 정비도 추진하였는데, 『경국대전』 예전(禮典) 장권조(獎勸條)에 다음과 같이 명시됨에 따라 효자 등의 천거규정은 일단 법제적 보완을 마무리 짓게 되었다.

효우(孝友)와 절의(節義)가 뛰어난 자, 즉 효자·순손(順孫)·절부(節婦)와, 나라를 위해 몸을 바친 자의 자손과, 친족끼리 화목하게 하고 환란을 구한 자들을 매년 예조로 뽑아 올리고, 예조에서는 이들의 성명을 기록한 후 왕에게 보고하여 권장토록 한다. 상으로 관직을 주거나 물품을 주며 특이한 자에게는 정문(旌門)을 세우고 복호(復戶)하여 준다.

이처럼 『경국대전』에는 효자 등에게 상직(賞職)과 상물(賞物)을 하도록 규정하였던 것이다. 여기에서 상직은 상으로 초입사(初入仕)를 허락하거나 가자(加資)하는 것,[324] 상물은 상으로 물품을 하사하는 것, 정문은 효자 등의 집문 앞에 붉은 색 문을 세우는 것, 그리고 복호는 호역(戶役) 등을 면제

322. 『태조실록』 권 1, 원년 7월 정미.
323. 『세종실록』 권 94, 23년 10월 을유.

해 주는 것을 뜻한다. 이같은 포상종류 가운데 우리가 관심을 갖고자 하는 것은 바로 상직에 관한 문제이다. 그런데 상직은 주로 효자·순손 등의 효행자들에게 베풀어졌으므로 앞으로는 효행자에 대한 천거와 그 상직 문제를 중점적으로 검토해 보기로 하겠다.

앞에서도 살펴보았지만 효자에 대한 천거는 전한의 무제(武帝) 건원(建元) 원년(B.C 140), 동중서(董仲舒)의 건의로 효렴(孝廉)을 천거케 함으로써 시작되었다.[325] 우리나라에서의 효행자천거의 연원(淵源)은 삼국시대 초기인 고구려 태조왕 66년(A.D 118년)까지로 거슬러 올라간다. 즉, 당시에 효자와 순손을 천거토록 명하였던 것이다.[326] 이러한 사실을 통하여 삼국시대 초기부터 이미 국가에서 유교윤리의 장려정책을 실시하였음을 확인할 수 있다.

고려에서도 초기부터 효행자에 대한 천거가 이루어졌다. 고려에서 효행자에 대한 천거가 시작된 것은 성종 6년(987년)부터이다. 성종은 당시에 효행이 뛰어난 자 등을 지방관으로 하여금 천거케 하라고 지시하였던 것이다.[327] 이처럼 성종 때 효행자천거가 시작된 것은 성종의 숭유정책(崇儒政策)과 깊은 연관이 있었다. 성종은 즉위 후 국자감을 설치하고, 12목에 경학박사 등을 보내 지방교육을 담당케 하는 등의 정책을 실시하여 유교의 진흥을 꾀했던 것이다. 이러한 정책의 일환으로 효행자천거도 실시되었다.

초기 이후 효행자천거의 실태를 자세히 파악할 수는 없지만, 공양왕 2년(1390)에 개성부로 하여금 효자·순손을 등용토록 명하였다는 기사를[328]

---

324. 조선 초기에는 상물로 대개 미(米) 5석 내지 10석, 또는 미두(米豆) 10석이나 면포(綿布) 20필을 하사하였다. (『세종실록』권 38, 9년 12월 갑술 ; 『단종실록』권 7, 원년 7월 신미 ; 『성종실록』권 10, 2년 6월 갑자 ; 『성종실록』권 285, 24년 12월 신사).
325. 부낙성 저, 신승하 역, 『중국통사』상, 우종사, 1981 , p.241).
326. 『삼국사기』권 15, 고구려 본기, 제 3, 태조왕 66년 8월.
327. 『고려사』세가, 권 3, 성종 6년 8월.
328. 『고려사』권 76, 지 30, 백관 1, 개성부.

통하여 효행자천거가 고려 말기까지 지속적으로 이루어졌음을 알 수 있다. 조선시대에는 이러한 고려의 제도를 계승하여 개국 직후부터 유교윤리장려정책의 일환으로 효행자천거제를 제도화하여 실시하였다.

3. 효행자천거제의 시행상황

1) 상직 인원

조선 초기, 즉 태조 때부터 성종 때까지 천거된 효행자의 상직 실태를 파악키 위하여 『조선왕조실록』에 실려 있는 상직 사례를 살펴보았다. 이에 의하면, 139명의 효행자가 천거를 통하여 상직을 받은 것으로 나타나고 있다. 천거된 자들이 모두 실록에 수록되지는 않았을 것이므로 실제 천거, 상직된 효행자들은 이 보다 더 많았을 것이다. 조선 초기에 효행으로 천거된 자가 300명에 이른다는 연구결과를 참조한다면, 천거된 효행자들의 대략 과반수에 이르는 자들이 상직의 포상을 받은 것으로 볼 수 있다.[329]

천거 사례를 볼 때 효행자의 천거는 태조 때부터 시작되었으나, 천거가 본격적으로 이루어지고 피천자의 상직이 활성화되기 시작한 것은 세종 때부터였다. 이렇게 세종 때 이후 효행자에 대한 상직이 활발해진 이유는 세종 때의 적극적인 유교윤리장려정책에서 찾을 수 있다. 세종 때에는 『주자가례』(朱子家禮)와 『소학』(小學)의 보급, 『효행록』(孝行錄)의 수정, 『삼강행실도』(三綱行實圖)의 간행 등을 통하여 유교의 진흥을 꾀했던 것이다.[330]

이러한 적극적 노력에 의하여 유교윤리가 백성들 사이에 점차 정착되어 갔으며, 이에 따라 효행으로 천거, 임용된 인원도 급증한 것이라 하겠다.

---

329. 박주, 「조선시대 정표정책에 대한 연구」, 서울대 대학원 박사학위논문, 1989, p.16.
330. 하우봉, 「세종대의 유교윤리 보급에 대하여」, 『전북사학』7, 1983, p.18.

세종 때에 효행자의 천거, 임용이 활발하였던 사실은 세종 즉위 초에 수백
명의 효행자 등을 천거케 하였다는 기록[331]을 통해서도 확인되고 있다.

다음, 실록에 나와 있는 사례를 통하여 지역별 상직 인원을 살펴보면,
상직 인원은 중앙보다는 지방에 편중되어 있었다. 또한 경상·전라·충청
의 하삼도와 경기도에 전체 상직 인원의 대부분이 집중된 것으로 나타나고
있는데, 이것은 이들 지역이 다른 지방에 비하여 유교윤리가 비교적 널리
보급되어 있었음을 뜻하는 것이라 하겠다.

2) 상직자의 전력(前歷)

효행으로 천거된 후 상직의 특전을 입은 자들의 신분은 대부분 사인(士
人), 즉 선비들로서 양반이 주축을 이루고 있었다. 또 효행으로 천거, 상직
된 자들 중에는 무직자가 가장 많았고, 그 다음이 전직관리·현직관리의 순
이었다.

무직자들은 소과에 합격한 생원·진사에 비하여 소과에 합격하지 않은
유학(幼學)과 학생(學生)이 훨씬 많았다. 이같은 무직자의 신분을 통하여
조선 초기의 효행자천거제가 생원·진사의 소과 합격자와 유학·학생 등
의 유생(儒生)을 위한 초입사로로서의 기능을 지니고 있었음을 확인하게
된다. 효행자천거제가 과거제나 문음제와 같은 초입사로의 기능을 가지고
있었음은 다음의 기사에서도 거듭 입증되고 있다.

> 국가에서 인재를 등용하는 방법에는 과거 이외에 또 효자와 순손을 찾아 구하는
> 것이 있다.[332]

이처럼 과거제 외에 또 하나의 입사로로서 효행자천거제를 들고 있는 것이다.

또한 전직관리로서 상직을 받은 효행자들은 모두가 당하관(堂下官) 이하이며, 그 중 절반 가량이 참하관(參下官)이었다. 또한 전직관리들은 경관직 보다는 외관직과 무관직이 많았다. 따라서 효행으로 상직을 받아 관직에 임용된 전직관리들은 외관직이나 무관직의 당하관 이하 하급관리 출신들이 주류를 이루었다고 할 수 있다. 그리고 현직관리로서 상직을 받은 자들을 보면, 모두가 참상관 이하이며, 그들 대부분이 참하관으로서 대부분 하급관리들이었다.

이상을 통해서 볼 때 조선 초기에는 관직의 유무와 지위의 고하에 구애받지 않고 효행자를 천거, 임용하였다고 볼 수 있다. 따라서 효행자천거제는 무직자의 초입사로, 전직관리의 복직로, 그리고 현직관리의 승진로로서의 역할을 수행했다고 할 수 있을 것이다.

3) 상직자의 역관(歷官)

효행으로 천거된 자들 가운데 백신(白身), 즉 무직자에게는 초직(初職)으로 종9품 관직을 제수(除授)하고 유직자에게는 1품계를 가자(加資)하도록 다음과 같이 제도화되어 있었다.

지금부터는 효자를 제수할 때 백신에게는 종9품직을 제수하고 원래 관직이 있는 자에게는 일자(一資)를 올려주도록 하라.[333]

여기에서의 종9품직은 문·무반의 실직(實職)이었다. 그러나 실제 시

---

333. 『세종실록』권 106, 26년 10월 경술.

행에 있어서는 실직에 결원이 없는 경우 산관직(散官職)을 제수하기도 하였다. 그 하나의 예를 든다면, 단종 3년(1455) 5월에 경기·경상·전라도에서 천거된 17명의 효자를 서용하라는 교지가 내려졌으나, 문·무반직에 결원이 없었기 때문에 무직자에게는 산관직을 제수하고 유직자에게는 가자토록 한 적이 있다.[334]

천거된 효자들 중에는 문자를 해득(解得)하지 못해 관직을 감당할 수 없는 자가 많았고, 또 결원에 한정이 있어 여러 해 동안 등용되지 못하는 자가 많았다.[335] 이러한 문제의 해결을 위하여 성종 5년(1474) 7월에 이조에서 다음과 같은 건의를 하였다.

여러 도의 관찰사로 하여금 효자 등을 서울로 보내게 하되, 그들의 신·언(身言)을 살펴서 재주에 따라 동반과 서반에 임용해야 합니다.[336]

이러한 건의가 국왕의 윤허를 받음으로써 이후 관찰사가 효자를 천거하여 중앙으로 올려 보내면 중앙에서는 피천자의 신·언을 살핀 후 그 재능에 따라 관직에 임용케 되었다. 이렇게 천거된 효행자에게 관직을 제수토록 되어 있었으나 실제로는 주로 동반직, 즉 문관직을 제수하였던 것으로 보인다. 그러나 동반직을 감당할 수 없는 자가 동반직에 임용되는 폐단이 생겨, 성종 18년(1487) 이후에는 동반직을 감당할 능력이 있는 자에게만 동반직을 제수하고 그렇지 못한 자에게는 서반직, 즉 무관직을 제수토록 하였다.[337]

이상에서 살펴본 바와 같이 천거를 받은 효행자에게는 동·서반의 관

---

334. 『단종실록』권 40, 3년 5월 정묘.
335. 『성종실록』권 45, 5년 7월 병자.
336. 앞과 같은 조.
337. 『성종실록』권 202, 18년 4월 임오.

직을 제수토록 되어 있었으나 개국 직후에는 그들 모두가 임용되지는 못하였다. 이미 태조 6년(1397)에는 천거된 효행자들이 임용되지 못하고 있음이 정도전에 의해서 지적된 바 있으며,[338] 같은 왕 7년(1398)에도 효렴무재(孝廉茂才)로 천거된 자들 중 실효(實效)가 없는 70여 명을 돌려보낸 예[339] 등이 있기 때문이다. 그러나 세종 때의 정승 허조(許稠)가 이조판서 재임시, 천거된 효자를 모두 서용하였다는 다음 기사를 통해서 국초 이후에는 많은 효행자들이 등용의 혜택을 입었던 것으로 보인다.

중앙과 지방의 효자와 순손을 천거하여 모두 서용(敍用)하였다.[340]

그러면 이제 효행으로 천거받은 무직자들이 초직(初職)으로 어떤 관직에 임용되었는지 그 실제 사례를 살펴보도록 하겠다. 세종 20년(1438)에 천거되었던 최혼(崔混)은 종9품직인 후릉직(厚陵職)에 등용되었으며,[341] 같은 왕 21(1439)년에 천거되었던 노석안(盧石安)은 사섬시(司贍寺) 부직장(副直長, 종8품)에 제수되었다.[342] 또한 성종 때에 최소하(崔小河)는 전옥서(典獄署) 참봉(參奉, 종9품)에 서용된 예가 있다.[343] 그밖에도 이맹철(李孟哲)은 세종 22년(1440)에 중부녹사(中部錄司)에 제수되었고,[344] 단종 때에는 김후(金厚) 등의 투화인(投化人)들이 효행으로 토관직(土官職)을 받은 바가 있다.[345]

338. 『태조실록』권 12, 6년 12월 신사.
339. 『태조실록』권 14, 7년 5월 계해.
340. 『세종실록』권 87, 21년 12월 임인.
341. 『세종실록』권 83, 20년 11월 병신.
342. 『세종실록』권 87, 21년 11월 신해.
343. 『성종실록』권 52, 6년 2월 갑오.
344. 『세종실록』권 88, 22년 2월 계미.
345. 『단종실록』권 7, 원년 7월月 신미.

이러한 몇 가지 예로 볼 때 천거된 효자들은 주로 종8품 내지 종9품의 속아문(屬衙門) 관직 및 녹사나 토관직에 임용되었다고 하겠다. 한편 이렇게 임용한 효행자들 중에는 나중에 고위직까지 진출하여 현달(顯達)한 자가 별로 보이지 않는다. 따라서 효행으로 천거된 자들에게는 문과급제자들에 비하여 승진상에 일정한 제약이 있었던 것으로 보인다.

4. 맺음말

지금까지 조선 초기 효행자천거제의 성립과정을 살펴보고, 아울러 그 시행 상황을 사례의 검토를 중심으로 살펴보았다. 이것을 통하여 조선왕조에서는 유교윤리의 보급, 장려를 위해 국초부터 효행자에 대한 천거를 법제화하였으며, 세종조 이후 그것이 본격적으로 시행되어 많은 효행자들을 천거, 임용함으로써 유교 진흥에 기여하였음을 알 수 있었다.